Christoph Girtanner

Die Franzosen am Rheinstrome

Heft 1 und 11

Christoph Girtanner

Die Franzosen am Rheinstrome
Heft 1 und 11

ISBN/EAN: 9783743602908

Hergestellt in Europa, USA, Kanada, Australien, Japan

Cover: Foto ©Andreas Hilbeck / pixelio.de

Weitere Bücher finden Sie auf **www.hansebooks.com**

Die Franzosen am Rheinstrome.

Ites und IItes Heft.

Ao. Phil. Custine

Verbesserte, mit Anmerkungen versehene Auflage.

1794.

Vorrede.

Der Einfall der Franzosen, oder wie man sie zu nennen pflegt, der Neufranken in Deutschland war gewiß diesesmal merkwürdiger, als ers je in einem vergangenen Zeitpunkte gewesen ist: weil es jetzt nicht darauf angesehen war, Schlachten zu gewinnen, Länder zu verwüsten, und seinen Feind dadurch zu schwächen, sondern die Grundsätze der neuen französischen Verfassung allenthalben auszubreiten, und allen Potentaten von Europa dasselbige Schicksal zu bereiten, welches der König von Frankreich hatte. Muße und Gelegenheit, die Schritte der Franzosen zu beobachten, haben mich veranlasset, meinen Landsleuten meine Bemerkungen mitzutheilen, in sofern ich im Stande wäre, etwas zu schreiben, das den Druck verdienen würde. Nachdem nun das erste Stück bereits in einem deutschen Journal erschienen ist, und

Vorrede.

die zwei folgenden vielleicht auch bald erscheinen werden; so wage ichs, nun alles, was ich bereits hierüber geschrieben habe, der Welt im Zusammenhange mitzutheilen. Diejenigen, welche dieser kleinen Schrift die Ehre erweisen, sie zu lesen, werden ohne mein Erinnern sehen, daß in derselben kein Plan herrschet, wodurch gewisse Absichten bezwecket würden, sondern daß es blos zufällige Bemerkungen sind, welche durch die täglichen Ereignisse erzeugt wurden, deren Ursachen und Folgen ich zu entwickeln mich bemühte. Da nun die Ursachen und Folgen politischer Ereignisse bei einem wirklich freien sich selbsten überlassenen Volke mit dessen Charakter im engsten Zusammenhange sind; so habe ich geglaubt, über die Vorfälle am Rheinstrome einiges Licht verbreiten zu können, wenn ich die Charaktere der Völker schilderte, unter welchen sie geschehen sind. Die Ursache, warum die Schilderung der Franzosen zuletzt kömmt, ist keine andere, als weil es sehr schwer ist, ihren Charakter zu fassen, und weil es ganz etwas anders ist, zu sagen: Ich kenne dieses Volk — und dann: So ist es.

Vorrede.

Zum ersten, begnüget man sich gewöhnlich mit einer oberflächlichen Kenntniß; das zweite erfordert reine, aus tausenderlei Handlungen, unter allen möglichen Umständen abgezogene Begriffe. Ich schmeichle mir nicht, diese Materie erschöpft zu haben; aber ich glaube, daß ich die ächte Quelle angezeigt habe, wo geübtere Schriftsteller schöpfen können. Tadel und Lob waren meine Sache nicht, sondern Erzählung dessen, was geschah, und ein Bißchen Bemerkung über Ursachen und Folgen; an denen, wenn sie richtig sind, weit mehr gelegen ist, als an der Erzählung selbst. Am glücklichsten würde ich mich schätzen, wenn diese kleine Schrift den entferntern Provinzen meines Vaterlandes einen ächten Begriff von dem Betragen ihrer Landsleute am Rheinstrome geben könnte. Sie sind gewiß so sträflich nicht, als man sie hie und da schildert: denn wenige neuerungssüchtige Taumelköpfe ausgenommen, haben sie aus Noth gethan, was man sie thun sah, und ihr sehnlichster Wunsch war, daß sie bald aufhören könnten, bei diesem französischen Possenspiele eine Rolle zu haben.

Vorrede.

Uebrigens erscheinet diese Schrift mit einigen Veränderungen; nicht, weil ich selbst freiwillig etwas daran ändern wollte, sondern weil ich meine Bemerkungen nur so obenhin zu Papier brachte, und sie dann im Abschreiben ausbildete, wie ich's für gut fand, mich aber bei dieser zweiten Abschrift nimmer ganz genau alles dessen erinnerte, was ich vor einigen Wochen oder Monaten geschrieben hatte. Die Erzählung der Thatsachen ist hier dieselbige, wie in den schon gedruckten Bogen: Erzählung und Bemerkungen aber sind so geschrieben, als wenn sie auf so eben geschehene oder noch zu erwartende Ereignisse Bezug hätten, weil das erste Stück schon im verflossenen Jänner, und die folgenden jedes im nächsten Monate erscheinen sollten, welches aber zufälliger Weise nicht geschah, und bei dieser zweiten Ausgabe ohnehin nicht Platz fand.

Der Verfasser.

Die Franzosen am Rheinstrome.

Da der französische General Cüstine am 30. September 1792. mit einer Armee vor Speyer zog, glaubten Sachverständige, daß es um nichts anders zu thun wäre, als sich des in Speyer angelegten kaiserlichen Magazins zu bemächtigen. Diese Meinung gründete sich darauf, daß es die Regeln der Kriegskunst nicht erlaubten, sich mit einem schwachen Heere weit von dem Mittelpunkt der Hauptkräfte zu entfernen, welcher damals in Champagne war; und man wußte zuverläßig, daß Cüstine nur ein schwaches Heer hatte, mit welchem er das Kriegstheater in Feindes Landen aufzuschlagen nicht vermogte. Zu dem war das Reich noch neutral, und die Franzosen hatten von dieser Seite lauter neutrale Länder vor sich. Wiewohl dieser Feldherr durch die zu Speyer ausgeschriebenen Brandschatzungen die Neutralität dieses Fürstenthums nicht respektirte; so ward doch Jedermann in der ersten Meinung bestärket, als er, nach einem Aufenthalte von etlichen Tagen, sich wiederum vom Rhein entfernte. Es erregte daher nicht wenig Verwunderung, als, einige Tage nach diesem

Rückzuge von Speyer, General Neuwinger mit vier oder fünf tausend Mann ganz unvermuthet in Worms eintraf: man glaubte sicher, der Zug würde schon jetzo nach Mainz gehen. Allein dieser General ließ die Wormser nicht lange im Irrthum: er schrieb sogleich ungeheure Brandschatzungen aus, verweilte vier Tage, ohne Verstärkung zu erhalten, und kehrte wieder nach Landau zurück.

Dieser zweite Rückzug schien die erste Behauptung der Sachkundiger zu beställigen, nämlich daß die französischen Generäle bei diesen kleinen Ausfällen ins Reich keine andere Absicht hätten, als Brandschatzungen zu holen und Magazine aufzuheben. Auch in Worms haben sie etwas Heu, Mehl und ungefähr fünfzehnhundert Zelten, nebst einigen Effekten gefunden, welche die ehemals dagewesenen Emigranten zurückgelassen hatten. Unterdessen konnte Niemand begreifen, warum die verbündeten Mächte, der Kaiser und der König von Preussen, ein so beträchtliches Magazin (man schätzte es auf eine Million Thaler) im Angesicht einer französischen wohlbesetzten Festung mit einer schwachen Bedeckung von etwa dreitausend Mann hatten stehen lassen. Man gieng in der politischen Kannengießerei so weit, daß man behauptete, es wäre mit Vorbedacht geschehen, um die Franzosen ins Reich zu locken, dieses zur Kriegserklärung zu zwingen, und der pfälzischen Neutralität ein Ende zu machen. Wenn dem so ist, so haben diese beiden Höfe ihren Zweck zum Theil erreichet: sie mußten aber dabei ziemlich viel auf die Unbesonnenheit der Franzosen zählen, die seit dem 10. August ihrer eigenen Führung überlassen waren. Daß sie sich auch hierinn nicht betrogen haben, ist nun eine ausgemachte Sache. General Cüstine machte es wie ein junger Vogel, der aus dem Neste flieget: Anfangs hüpft er nur auf das nächste Aestchen, hüpft wieder zurück, und waget sich dann immer weiter. So ganz ungehindert Land auf Land ab zu ziehen, hier und da einen hübschen Fang zu machen, war eine so reizende Sache, daß ers nicht über sein Herz bringen konnte, sein Glück nicht weiter zu versuchen. Ungeachtet aller politischen und militärischen Grundsätze, die in einer langweiligen Berechnung von Staatsverhältnissen und wechselseitigen Kräften bestehen, brach er mit seiner ganzen Macht, die in etwa achtzehntausend Mann bestand, von Landau auf, und marschirte in zwei Tagen theils über Worms, theils auf andern Wegen nach Mainz. Man sah wohl voraus,

daß diese Festung keine Belagerung aushalten
würde: allein die Schwäche des französischen
Heeres, welches nicht vermögend war, die
Rheinfahrt zu hemmen, die Nähe des Hessen-
landes, wo noch einige tausend Mann theils hes-
sischer, theils kaiserlicher Truppen standen, das
große Interesse, welches die hessischen und andere fürstliche Häuser in der Nachbarschaft, nebst
der Stadt Frankfurt, dabei hatten, daß Mainz
nicht in die Hände der Franzosen fiele — alles
dieses zusammen genommen, ließ einstweilen einen hinlänglichen Widerstand hoffen. Aber vergebens! nur einige tausend Oesterreicher und ein
paar Hundert Fulder und Nassauer warfen sich
in die Festung: die Hessen blieben unbeweglich,
und Frankfurt versagte seine Kanoniers, an denen
es in Mainz gebrach. War es abermals Politik, war es Furcht, oder war es Zuversicht auf
die französische Neutralität? Ich will zur Ehre
meiner Landsleute glauben, daß es das letzte
war, was sie so unthätig machte; wiewohl,
wenn Deutschland angegriffen ist, sie alle nur
ein Interesse haben sollten. Nebst diesem konnten sie sich durch die Vorgänge in Speyer und
Worms überzeugen, daß die Franzosen nicht allezeit halten, was sie versprechen. Versprechen
und Halten sind bei ihnen zweierlei Dinge, wie

ihr Sprüchwort sagt: Promettre est un, et tenir est un autre. Jeder Deutsche, dem sein Vaterland werth ist, und dem dessen Erhaltung am Herzen lieget, rief mit lauter Stimme den deutschen Fürsten zu:

 Ut jugulent homines, surgunt de nocte
    latrones:
 Ut te ipsum serves, non expergisceris?
    Atqui,
Si noles sanus, curres hydropicus!

Der Kurfürst von Mainz, der, ohne seinem Lande wehe zu thun, bei nur leiblicher Haushaltung, vier bis fünf tausend Mann Truppen halten könnte, hatte mit zwei tausend Mann, welche größtentheils bei Speyer gefangen worden, oder umgekommen waren, seinen ganzen Kriegsstand erschöpfet, so daß nebst den fremden Hülfstruppen in allem etwa fünfzehnhundert Mann in der Stadt waren, als der Feind sie aufforderte. Sie that 24 Stunden lang Widerstand, und kapitulirte nach gehaltenem Kriegsrathe, an dessen Schlusse die braven Oesterreicher sich schämten Theil zu nehmen: anstatt sich von den Franzosen Gesetze vorschreiben zu lassen, giengen sie vor ihren Augen aus der Stadt über den Rhein nach Hessen zu.

Die Uebergabe dieser Festung war für Deutschland ein empfindlicher Streich: denn man hatte Ursache zu glauben, daß es hier nicht um Brandschatzungen zu thun, sondern darauf angesehen war, ausser den Grenzen Frankreichs festen Fuß zu setzen. Man mußte den französischen Generälen zutrauen, daß sie sich nicht so weit würden gewagt haben, wenn sie nicht überzeugt gewesen wären, den Rücken sicher zu haben, und hieraus zog man den traurigen Schluß, daß die verbündete Armee in einer sehr mißlichen Lage und ausser Stand seyn müßte, sich furchtbar zu machen, während die Armee in Schwaben entweder gar nicht existirte, oder mit der Vertheidigung dieses Landes zu sehr beschäftiget wäre, um dem General Cüstine auf den Rücken zu kommen. Diese Betrachtungen vergrößerten die Besorgniß derjenigen, welche bei einer bevorstehenden Staatsumwälzung etwas zu verlieren hatten; so wie sie den Muth und die Hoffnung derjenigen erhoben, welche nach einer solchen Veränderung seufzten: jeder Schritt, den die Franzosen vorwärts thaten, brachte neue Freude dem einen, neuen Schrecken dem andern. An demselben Tage, als sich Mainz ergab, flog General Neuwinger mit einem Korps von der Armee über Oppenheim nach Frankfurt, wo er den andern Tag Morgens eintraf, die Stadt in Besitz nahm, zwei Millionen Gulden Brandschatzung forderte, und sein Volk einquartirte. Da war nun die schöne Neutralität: was konnten die Franzosen den Frankfurtern mehr thun, wenn diese ihren ganzen Kriegsapparat nach Mainz geschickt hätten, um diese Stadt vertheidigen zu helfen? Si noles fanus, curres hydropicus! Diese Brandschatzung, meine Herren Krämer, wird Euch nicht von dem Reichskontingent loszählen.

General Custine verrieth bald die Absichten, die man schon errathen hatte: es war in Mainz von keiner Brandschatzung die Rede, sondern er fieng an, die Vorstadt Kassel am rechten Ufer des Rheins zu befestigen, und nachdem er alle Anstalten dazu getroffen hatte, zog er mit dem größten Theil seiner Armee, die sich binnen der Zeit sehr verstärket hatte, nach der Wetterau, während Mannheim noch immer offen, und nur mit einer schwachen Besatzung von pfälzischen Truppen versehen war. Dieser Umstand machte das Betragen des französischen Generals zum Räthsel. Es ließ sich Hundert gegen Eines wetten, daß er sich in der Wetterau nicht würde halten können; und da die noch bevorstehende Erklärung des Reichskrieges die pfälzische Neutrali tät aufheben zu müssen schien, so konnte man die Sorglosigkeit nicht begreifen, mit welcher er seine Armee bei rauher Jahreszeit in ein hülfloses offenes Land hineinführte, sich vom Rhein entfernte, und seinen Rückzug der Obhut des Himmels überließ. Die Verwunderung hierüber war um so gegründeter, als man zu gleicher Zeit erfuhr, daß die preussische und hessische Armeen nach Coblenz zurückgegangen, die österreichische hingegen sich großen Theils bei Trier und Luxenburg gesetzet hatte. General Cüstine brandschatzte überall, nicht nach Maaß der Kräfte derer, die bezahlen mußten, sondern nach seinen Bedürfnissen. Aber diese kleinen Gewinste konnten ihm theuer werden: denn wenn Beurnonville, welcher auf Trier zu marschirte, von den Oesterreichern, die ihn dort erwarteten, wäre geschlagen worden; so war Cüstine in der Wetterau verloren. Das Glück begnügte sich, diesem raschen General dießmal eine kleine Warnung zu geben; indem Beurnonville nicht geschlagen, sondern blos aufgehalten wurde. Dieses erleichterte aber den Hessen und Preussen den Uebergang über den Rhein bei Coblenz, wodurch Cüstine nach einigem Widerstande bei Limburg gezwungen wurde, seine Eroberungen fahren zu lassen und sich zwischen Mainz und Frankfurt an den Main zurück-

zuzie-

zuziehen, wohin ihm der Feind auf dem Fuße folgte.

Der Zug der Franzosen nach der Wetterau war in jeder Rücksicht ohne Nutzen, und Cüstine hat ihn offenbar nur darum gemacht, weil ihn Niemand daran hinderte, und weil er in der Meinung stand, er könnte auch noch weiter gehen und nach und nach ganz Deutschland brandschatzen. Daß er die kranke Armee der Preussen, wenn sie ihm aufstieße, schlagen würde, daran zweifelte er ganz und gar nicht. Denn als sie sammt den Hessen schon im Anzuge war, schrieb er noch an die Städte Mainz, Speyer und Worms, sie sollten Abgeordnete nach Nauheim schicken, wo er ihnen so viel Salz, als sie bedürften, um wohlfeilen Preiß anboth: es war aber Nauheim schon wieder in den Händen der Hessen, als die Briefe ankamen. Hieraus sieht man, daß die Gefahr nahe seyn muß, wenn sie einen Franzosen schrecken soll. Alles was Cüstine bisher gethan hatte, konnte er weder seiner Kriegskunst noch der Tapferkeit seiner Armee zuschreiben. es war bloses Glück gewesen, worauf er auch, wie er selbst sagte, sich viel verließ. Unterdessen schien es ihm hier den Rücken zu wenden. In der Lage, wo er sich befand, konnte er sich nur durch einen entscheidenden Sieg über die Deutschen erhalten, und um diesen zu erfechten, war er zu schwach. Zu stolz, um das rechte Ufer des Rheins zu verlassen, that er unterdessen was er könnte. Frankfurt war noch in seinen Händen. Wiewohl diese Stadt keine Festung ist; so konnte sie doch den ersten Anlauf abhalten und deckte einen Flügel der französischen Armee. Da sie nur schwach besetzt und folglich zu besorgen war, die zahlreichen Einwohner, welche die Brandschatzung noch nicht verdauet hatten, möchten sich aller Vertheidigung widersetzen; so gab Cüstine ihnen die heiligsten Versicherungen, daß er alle Gefahr von ihnen abwenden würde. Dieß war, wie mir dünket, eine Mühe zu viel, die sich der General gab: denn es verstand sich von selbst, daß er die Stadt nicht beschießen würde, so lang seine Truppen darinnen lagen. Allein die Preussen, denen daran gelegen war, die Franzosen ins freie Feld zu bringen und sie von dieser Bedeckung zu entfernen, mußten es wagen, die Stadt zu erobern, so ungern sie gegen dieselbe Gewalt brauchten. Sie liessen daher der französischen Besatzung, die in etwa achtzehnhundert Mann bestand, einige Tage Zeit und bothen ihr freien Abzug, sogar die Entfernung aller feindlichen Vorposten an, damit auch ihre Eigenliebe nicht beleidiget würde. Aber umsonst! Als es am 2ten December zum ernstlichen Angriffe kam, wehrten sich die Franzosen eine Stunde lang, und setzten dadurch diese reiche Handelsstadt der Verwüstung, und den Handel von ganz Europa einem empfindlichen Verluste aus. Was Cüstine besorget hatte, geschah nun: die Franzosen wollten sich des Frankfurter Zeughauses bedienen: allein die Einwohner widersetzten sich diesem Vorhaben, schnitten den Pferden die Stränge ab, und thaten was sie konnten, um dem Widerstande der Franzosen ein Ende zu machen und den Deutschen den Eingang in die Stadt zu erleichtern. Sie entwaffneten einen Theil der Garnison und öffneten den Hessen die Thore. Es sollen sogar einige Franzosen durch Frankfurter Handwerkspursche und Juden getödtet worden seyn. Dieser Vorfall wurde von den französischdeutschen Zeitungsschreibern in Mainz mit so enthusiastisch schwarzen Farben geschildert, daß gleich anfänglich kein vernünftiger Mensch daran glaubte. Nach ihnen war es ein höllisches Komplot, das man schon seit zehen Tagen geschmiedet, und zu dessen Ausführung man sich eigene Mordmesser hatte machen lassen, und was dergleichen dummes Zeug mehr war, das ein Franzose zu schreiben sich geschämt haben würde. *) Die Frankfurter beklagten sich darüber beim General Cüstine; dieser antwortete aber mit der Preßfreiheit, und daß er mit den Zeitungsschreibern nichts zu thun habe, die Preßfreiheit aber, wohl verstanden, erstrecket sich nur so weit, als nichts gegen die Franzosen gesaget wird — eigentlich ist es Schmähfreiheit. Franzosen die von dieser Affaire zurückgekommen sind, haben die Sache in ein ganz anderes Licht gesetzt, und wenn sie die Frankfurter nicht ganz rechtfertigten, so gestanden sie doch zu ihrer eigenen und der Frankfurter Ehre, daß nicht viel daran war; indem sie den Verlust an Todten und Verwundeten (erstrer sollen nur einige zwanzig gewesen seyn) auf etwa 200 Mann schätzten, und dabei den Bewohnern Frankfurts die Gerechtigkeit wiederfahren liessen, daß ohne ihre Bemühung, die Franzosen der Wuth der Hessen zu entreissen, weit mehr Blut wäre vergossen worden. Zwölf-

---

*) Wenn man unverbürgten Erzählungen glauben darf, so hat es einigen Frankfurtern nicht am Willen gefehlet, sich die Franzosen á la sicilienne vom Halse zu schaffen: aber vernünftige Männer, bei denen sie sich zum Glücke Raths erholten, bebten vor dem Gedanken und den Folgen einer solchen Abscheulichkeit zurück.

hundert Franzosen wurden Kriegsgefangene, die übrigen retteten sich durch die Flucht, wozu die Frankfurter mit eigener Gefahr manchem verhülflich gewesen sind. Nach der Einnahme von Frankfurt zog Cüstine nach Höchst zurück, wo er noch einigen Widerstand that, aber bald darauf sich in Mainz warf und von seinen Eroberungen am rechten Ufer des Rheins weiter nichts behielt, als die weit entlegene Bergfestung Königstein, das Dorf Kostheim, eine halbe Stunde von Mainz, und die Vorstadt Kassel.

Die während diesen Vorfällen am Rhein zu Regensspurg erfolgte Erklärung des Reichskrieges hatte die Aufmerksamkeit der Franzosen auf Mannheim rege gemacht. General Biron besetzte mit einem Korps von etwa achttausend Mann das linke Ufer des Rheins in der Gegend dieser Stadt, aber ohne im geringsten etwas Feindliches zu unternehmen. Die Besatzung der Stadt war unterdessen mit bairischen Truppen verstärket worden, und man rüstete sich zu ernsthaftem Widerstande, im Fall daß die Franzosen nun ausführen wollten, was sie gleich Anfangs hätten thun sollen — Mannheim in Besitz zu nehmen. *) Zum Glücke

---

*) Ein in Mannheim begünstigter Franzose, seines Handwerks ein Geistlicher, aber kein

für die Franzosen ist der Kurfürst von der Pfalz
kein Franzos und glaubet, daß Versprechen und
Halten einerlei sei; sonst wären sie mit dieser
Neutralität übel daran. Es kann aber eine Zeit
kommen, wo ihnen die pfälzische Neutralität, die
ihnen so nützlich war, zur Last fällt: die Zeiten
ändern sich.

An der Mosel hatte sich binnen dieser Zeit
nichts Merkwürdiges zugetragen, ausser daß
Prinz von Hohenlohe, der die österreichische Ar=
mee kommandirte, alle Angriffe des Generals
Beurnonville vereitelte und dadurch, wie ich
schon gesagt habe, Deutschland von dieser Seite
deckte. General Clairfait war in Belgien nicht
eben so glücklich gewesen: denn nach der unglück=
lichen Schlacht bei Gemappe, wo er der Ueber=
macht hatte weichen müssen, ward ganz Brabant,
Hennegau, Flandern und Limburg nebst dem Lüt=
ticher Lande von den Franzosen überschwemmet
und die österreichische Armee bis ins Köllnische

Emigrant, soll dem General Custine den An=
trag gemacht haben, Mannheim wegzunehmen.
Dieser lehnte es aber ab, und als es ihm bei
seinem Prozesse vorgeworfen wurde, entschul=
digte er sich mit der Schwäche seiner Armee.

zurückgedrängt. Was sich auf dem Kriegstheater von Belgien Merkwürdiges zugetragen hat, ist kein Gegenstand für dieses Blatt: ich schreibe von den Franzosen am Rheinstrome. Anstatt jener blutigen Auftritte will ich meinen Lesern von dem politischen und moralischen Betragen Nachricht geben, wodurch die Franzosen am Rheinstrome die Aufmerksamkeit unseres Vaterlandes und jene von ganz Europa auf sich gezogen haben. Das politische Betragen der Franzosen scheint überhaupt in diesem Augenblicke von der grüßten Wichtigkeit zu seyn, und wenn ehedem die Geschichtschreiber sich mit Erzählung der Schlachten und Feldzüge beschäftiget haben; so können sie, was diesen Zeitpunkt betrifft, alle kriegerische Auftritte als eine Nebensache, oder Conditio sine qua non ansehen. Dieser Krieg ist kein Krieg wie andere waren, wo es darauf ankam, einige Dörfer zu verlieren oder zu gewinnen, ohne daß dadurch in der Verfassung der Länder die geringste Veränderung vorgieng: jetzo soll entweder auf einmal alles verändert oder doch wenigstens zu künftigen Revolutionen der Grund gelegt werden. Ein metzischer Abgeordneter bei der konstituirenden Nationalversammlung, Namens Röderer, soll den Gedanken angegeben haben, Frankreich mit kleinern, unabhängigen

Republiken zu umgeben, die ihrer Erhaltung wegen fest an Frankreich sich anschliessen und dadurch jeden mächtigen Feind von den Gränzen Frankreichs entfernen sollten. So haben die Stifter des Ottomannischen Reichs ihre Gränzen mit kleinen despotischen Staaten umzingelt, von denen sie sich dieselben Vortheile versprochen hatten. Dieser Gedanke mag wohl den Deutschen fester im Gedächtnisse geblieben seyn als den Franzosen: als dahero diese zu gleicher Zeit in die Niederlande, in Deutschland und in Savoyen eindrangen, glaubte man, daß es darauf angesehen war, den Vorschlag des Herrn Röderer ins Werk zu setzen. Daß ein Franzose diesen Plan gefasset habe, das gebe ich gerne zu; daß sie aber in dem jetzigen Zustande einen vernünftigen Plan durch vernünftige Maasregeln auszuführen fähig seien, das glaube ich nicht: die Erfahrung widerspricht dieser Vermuthung gar zu sehr. Die Erklärungen der französischen Nation in Ansehung der Völker, die unter ihren Waffen stehen, sind so schwankend und unbestimmt, das Betragen ihrer Generäle so zweideutig, daß man billig glaubet, sie wisse selbst noch nicht, was sie eigentlich will. Die neuen Einrichtungen, die sie bisher in Deutschland gemacht haben (ich schreibe am Ende Decembers) sehen mehr einer Comödie ähnlich, die sie auf ihre und anderer Kosten sich zu spielen erlauben, als einem festen Plane und einem durchdachten Systeme, das sie ausführen wollten. Ein sicherer Plan, ein durchdachtes System finden ohnehin in der Mehrheit der Stimmen von achthalbhundert Personen nicht statt, wenn sie eines und das andere erst erschaffen sollen: es giebt nothwendig eitel Stückwerk

Undique collatis membris.

Wenn je die Weisheit vom Himmel herab auf die Erde kömmt, sagt ein französischer Schriftsteller; so schlägt sie ihre Wohnung gewiß in keinem Collegio auf — am wenigsten, sage ich, in einem Collegio von Franzosen. Ich will erzählen, was bisher geschehen ist, und meine Leser urtheilen lassen.

Spectatum admissi risum teneatis amici!

Es war nicht eher von einer Veränderung in der politischen Einrichtung der Städte und Gebiete von Worms, Speyer und Mainz eine Rede, als nachdem General Cüstine sich eine Zeitlang in Mainz aufgehalten und in der Hoffnung bestärket hatte, dableiben zu können. Es waren beinahe ein Paar Monate verstrichen, seitdem er nach Speyer gekommen war, ohne daß man von etwas andern als Anzettlung eines Clubs hörte, die für eine bloße Privatsache angesehen wurde, an welcher der General keinen Theil hatte. Sein Betragen in Speyer und Worms war auch von der Art gewesen, daß er ohne Inkonsequenz keine Neuerung anfangen konnte. In der ersten Stadt hatte er sechsmalhundert tausend Pfund Brandschatzung ausgeschrieben, wovon der Fürst die eine Hälfte, das Domstift und die Stadt die andere Hälfte bezahlen sollten. Der Stadt wurde ihr Antheil geschenket; dagegen mußten die Kollegiatstifter, deren vorhin keine Erwähnung geschehen war, dreißigtausend Pfund nachtragen. Alles wurde bezahlt, und demohngeachtet in der Folge das dem Domkapitel gehörige Schloß Herrnheim rein ausgeplündert, alles Vieh, Geräthschaften und Weine verkauft oder nach Landau geschleppet: ein Schaden von vielleicht dreißigtausend Gulden für das Kapitel, der aber für die Franzosen keine zehntausend werth war, da sie die Sachen um den halben Preiß hingaben und großen Theils zu Grunde richteten: es blieben nur die leeren Wände stehen.

Kaum hatte man in Worms die Nachricht von der Ankunft der Franzosen zu Speyer erhalten, so fieng alles an seine Habseligkeiten zu flüchten, einige nach Mainz, andere nach Manusheim, der größte Theil gerade übern Rhein.

Man sah auf allen Gassen und Straßen nichts als Wägen mit Koffern und Kisten beladen. Selbst das Armuth packte seine morschen Lumpen und Geräthschaften auf und schleppte sie fort. Weiber und Kinder wurden fortgeschaffet, und selbst viele Männer, sogar Magistratspersonen entliefen vor Angst. Es schien, als glaubte man, die Franzosen würden die Stadt mit Feuer und Schwerdt verheeren, nachdem sie selbe zuvor rein ausgeplündert hätten. Man erfuhr endlich, daß Custine zu Speyer nicht nur keine Plünderung erlaubet, sondern diejenigen, die sich so weit vergangen hatten, mit dem Tode gestraft habe. *) Dieses und sein Rückzug gegen Landau verminderten die Furcht: viele waren schon mit ihrer geflüchteten Habschaft wieder zurückgekommen und die Ordnung fieng an, sich wieder herzustellen, als auf einmal General Neuwinger an der Spitze eines ansehnlichen Heeres um 7 Uhr Morgens, wie aus den Wolken gefallen, in die Stadt einzog. Daß die Einwohner hierüber sehr erschrocken seien, brauche ich nachdem,

---

*) Auch dieses wurde Custinen nachhero zum Verbrechen gemacht, wiewohl ihn die Nationalversammlung in diesem Augenblicke darum gelobet hatte.

was sie vorhin gethan hatten, nicht zu sagen: allein die gute Ordnung, die bei der Armee herrschte, die Gelassenheit, mit welcher man sie einquartieren ließ, die Freundlichkeit, mit welcher Soldaten und Offiziere Jedermann begegneten, verbannten bald alle Furcht. Der General ließ den Magistrat und einige andere dem Hofe und dem Domkapitel angehörige Männer zu sich kommen und erklärte ihnen, daß Niemanden ein Leid geschehen, sondern ein jeder vollkommene Sicherheit für sein Vermögen und für seine Person haben — dafür aber die Stadt sechsmalhunderttausend, das Domkapitel zweimalhunderttausend, die Kollegiatstifter einmalhunderttausend und ein reiches Nonnenkloster viermalhunderttausend Pfund bezahlen sollten: Das Geld sollte in 24 Stunden aufgezählt, oder die Stadt in einen Aschenhaufen verwandelt werden. Man denke sich die Bestürzung, das Jammern und Wehklagen, welches diese Bothschaft in der Stadt Worms verbreitete: Jedermann sah die Unmöglichkeit ein, diese ungeheuren Summen in so kurzer Zeit herbeizuschaffen: Jedermann dachte an den Greuel zurück, den die Franzosen vor hundert Jahren angerichtet hatten, da sie diese unglückliche Stadt in einen Steinhaufen zusammen geschossen und gebrennet hatten: Hülflos und fast ohne alle Hoffnung sah man in ängstlicher Erwartung und mit Thränen in den Augen seinem Schicksale entgegen. General Neuwinger wieß mit tobendem Ungestümm alles Bitten und Flehen von sich ab. Dieser von Herzen gute Mann mußte durch erzwungene Wildheit den Ausbruch des Mitleids hindern: als aber auch die unschuldige Jugend sich zu ihm drängte und fußfällig um Gnade für ihre Väter und Mütter bat, da gewann die Natur die Oberhand, und er brach in Thränen aus. Allein es stand nicht in seiner Gewalt von den Befehlen des Generals Custine abzugehen: er gab nur ein paar Stunden und dann wiederum ein paar Stunden Aufschub. Unterdessen hatte sich der ehemalige Professor Böhmer von Worms nach Speyer begeben und so viel erwirket, daß die Brandschatzung der Stadt um die Hälfte vermindert, dagegen aber die bisher unbelegten vier armen Klöster in der Stadt um viermalhunderttausend Pfund angeleget wurden. Der Magistrat leerte die Stadtkasse aus, jeder Bürger, arm und reich, trug freiwillig oder auf Befehl des Magistrats bei, was er an Baarschaft hatte, oder was ihm auferleget wurde. Es verdienet hier angemerket zu werden, daß einige edelmüthige französische Jäger, welche eine arme Frau jammern sahen, weil sie eine halbe Caroline beitragen sollte und sie nicht aufbringen konnte, das Geld zusammen schossen und es der Armen schenkten. Die Stadt hatte nun bereits den größten Theil ihrer Schuld bezahlt, das Domkapitel alles, die Kollegiatstifter dreißigtausend Pfund, womit sich General Cüstine auf Verwendung des Doktors Böhmer begnügte, die Klöster etwas Weniges, indem nur ein einziges wohlhabendes unter ihnen ist. Die Thore der Stadt, welche 24 Stunden lang gesperret gewesen waren, wurden nun wieder geöffnet, und so endigte sich der schrecklichste Tag, den die Wormser seit hundert Jahren erlebt hatten. General Neuwinger blieb noch ein paar Tage da, nahm Geisseln für alles was nicht bezahlt worden war, mit sich und zog sodann nach Landau zurück. Die Geisseln waren Magistratspersonen, Mönche, Klosterfrauen und ein bischöflicher Rath, der einzige, welcher in Worms geblieben war und dadurch diesesmal vielleicht das Schloß von der Plünderung rettete. Denn der Kurfürst von Mainz als Bischof von Worms weigerte sich schlechterdings, Brandschatzung zu zahlen. Bei alle dieser entsetzlichen Strenge von Seiten des Generals gegen die Stadt, wurde überaus gute Ordnung und Zucht unter den Truppen gehalten, und Niemand weder an seiner Habe noch an seiner Person gekränket.

Die Stadt Worms soll sich diese überaus empfindliche Züchtigung, wenn ichs so nennen darf, durch die Aufnahme der ausgewanderten Franzosen zugezogen haben. Diese Sache verdienet hier in ihr gehöriges Licht gesetzet zu werden. Prinz Conde hatte den Kurfürsten von Mainz gebeten, ihm in seinem Schlosse zu Worms einen Aufenthalt auf kurze Zeit zu gestatten. Dieser bewilligte es, und die Stadt mußte geschehen lassen, was sie nicht hindern konnte. Die Sache hatte auch ein ganz unschuldiges Ansehen, indem der Prinz nur mit seinem Gefolge kommen wollte. Kaum war er angekommen, so vermehrten sich die Emigranten um ihn, suchten Wohnungen in der Stadt und fanden sie leicht, weil sie gut bezahlten. Als ihre Zahl auf ungefähr tausend Mann, lauter Edelleute und Offiziere, angewachsen war; und nebst der Stadt auch schon die umliegenden Dörfer besetzet wurden, entdeckte Prinz Conde seine Absicht, sich zu bewaffnen: er theilte seine Mannschaft in Compagnien, schaffte sich Kanonen, Rüstwägen, Zelten und andere Kriegsgeräthe an, und verlangte von der Stadt ein Gebäude, um sie aufzubewahren, und zugleich einen Platz, wo er seine Mannschaft könnte exerciren lassen. Der Magistrat schlug beides ab und bewies dadurch, daß er die Franzosen blos als Gäste ansehe, denen er die Gastfreiheit nicht versagen wollte; daß er aber weit entfernet sei, sich an Feindseligkeiten gegen Frankreich im geringsten zu betheiligen. Was die Stadt Worms den Franzosen versaget hatte, das räumte ihnen der Kurfürst ein, und nun gieng es auf Kriegsübungen los. Die Sache machte bald Aufsehen in Frankreich: Worms wurde als eine Stadt betrachtet, die die Aristokraten begünstigte und sie in ihrem Vorhaben unterstützte. Der Magistrat ward dadurch veranlasset an den König zu schreiben und ihn von der wahren Lage der Sache zu unterrichten: er schrieb sogar an die Stadt Strasburg, welches er wohl konnte bleiben lassen. Allein es half nichts: von Beschwerden giengen die Franzosen zu Drohungen, die soviel vermochten, daß der Magistrat den Prinzen Conde bat, die Stadt zu verlassen, welches er auch mitten im rauhesten Winter that. Es hat zwar verlautet, daß der Prinz eben dazumal Absichten auf Strasburg hatte und nur dieserwegen von Worms wegging: allein wenn auch dieses ist; so hat doch der Magistrat, der gewiß von den Absichten des Prinzen nicht unterrichtet war, das Seinige

nige gethan, und sich nichts vorzuwerfen. Wenn dahero die Stadt darum sollte gestraft worden seyn, weil sie die feindlichen Absichten der Aristokraten begünstiget hatte; so war es eine offenbare Ungerechtigkeit, sie zu strafen, weil sie ganz und gar unschuldig war. Man warf dem Magistrat vor, er habe französische Demokraten, welche durch Worms reiseten, mishandeln lassen. Es ist nicht zu läugnen, daß mancher Unfug begangen worden ist: allein man muß dieses nicht den bösen Absichten des Magistrats, sondern seiner Schwäche zuschreiben. Er hat es hauptsächlich darinn versehen, daß er anstatt sich selbst Recht zu verschaffen, die Klagen allemal vor den Prinzen gebracht hat, der auch ziemlich strenge Ordnung unter seinen Leuten hielt, aber doch nicht alle Außschweifungen verhüten konnte. *)

---

*) Ein gewisser Hauptmann Montgenet spie aus aristokratischem Eifer dem patriotischen Komedianten Desmaretz ins Gesicht, als dieser auf der Post durch Worms fuhr — und dieser Montgenet war ein Verräther, der sich bei dem Prinzen Conde einschmeichelte, um dessen Plane und Absichten zu erfahren: so bald er seinen Zweck erreichet hatte, gieng er nach Frankreich zurück. Auch der Prinz von Salm-

Wenn nun aber Worms wegen der Aristokraten leiden sollte; so fraget sich: warum denn der Bischof von Speyer so hart mitgenommen worden ist, da er niemals Aristokraten in seinem Staate geduldet hat? Warum Frankfurt vier Millionen Pfund bezahlen mußte, da es sich so neutral und ordentlich betragen hatte, daß selbst die Nationalversammlung seine weisen Verfügungen in Ansehung der Franzosen öffentlich anpries. Warum Mainz nichts bezahlen durfte, da doch in dieser Stadt weit mehr Aristokraten gewesen sind, als in irgend einer Stadt Deutschlandes? Nein! das war es nicht, sondern die Franzosen hatten noch gar keinen Plan, als sie nach Deutschland kamen: sie brauchten Geld und hofften da welches zu finden: sie wollten es nicht als Räuber nehmen, sondern eine Ursache darum angeben: in der Eile gaben sie eine ungeschickte an, die nicht überall hinpaßte, und mußten folglich überall eine andere suchen. Die Geistlichen und die Fürsten mußten bezahlen, weil sie selbst Aristokraten sind, ohne daß man sie jedoch um ihre Erklärung gefraget hat: die Stadt Worms, weil

---

Kyrburg wurde in Worms insultiret, weil er sich zu Paris unter die Nationalgarde gestecket hatte. Er ist seitdem in Paris geköpfet worden.

sie Aristokraten beherberget hatte: die Stadt Frankfurt, weil sie den Aristokraten die Assignaten abgenommen und ihren Zeitungsschreibern nicht verboten hatte, einige Lügen oder Wahrheiten nachzuschreiben, die nicht zum Vortheil der Demokraten lauteten; es war also eine aristokratische Zeitung. So legen die Franzosen die Preßfreiheit aus, wie ich schon bemerket habe. Wenn ich den Franzosen verzeihe, Brandschatzungen zu heben, so kann ich ihnen doch unmöglich verzeihen, daß sie sich dabei bis zu lächerlichen Schikanen herabgewürdiget haben, während es ihnen nicht an scheinbaren Gründen mangelte, die ihnen dieselbigen Vortheile verschafften, ohne sie zu entehren oder lächerlich zu machen. Sie hatten dem Hause Oesterreich den Krieg angekündiget, weil es die französische Konstitution nicht kathegorisch anerkennen wollte und den Traktat von Pilnitz gemacht hatte: auch das Reich hatte die Konstitution nicht anerkannt und der Reichstag zu Regensspurg hatte den französischen Gesandten daselbst ganz ausser Wirksamkeit gesetzet. Wenn der Kaiser die französische Konstitution nicht annahm, so waren allezeit die Besitzungen der deutschen Reichsstände in Elsaß und Lothringen eine Ursache mit. Mainz, Trier, Baden, Hessen waren schon als offenbare Feinde Frankreichs erklärt, Oesterreich und Preussen ohnehin; es war zu Regensspurg schon beschlossen, daß man sich rüsten sollte, und es ließ sich ohne tiefe Einsicht in die Politik voraussehen, daß der Reichskrieg unvermeidlich war: was brauchte man da Aristokraten, Assignate und Zeitungsschreiber zu Hülfe zu rufen, um einen Vorwand zu den unentbehrlichen Gelderpressungen zu finden? Man muß gestehen, daß die Erfindsamkeit der Franzosen diesmal gestrandet hat. Doch kann man dieses seltsame Betragen nicht der ganzen Nation zur Last legen: es ist eigentlich ganz allein von der Erfindung des Generals Cüstine; indem sonst überall, wohin sie kamen, mit mehr Consequenz gehandelt wurde.

Nun man aber einmal das Geld hatte, und keines mehr fordern konnte, kam man mit Zusicherung von Freundschaft und Bruderliebe angestochen. Wir sind zu Euch gekommen, hieß es, nicht um Euch zu berauben, zu mishandeln, oder zu unterjochen, sondern um Euch von dem Joche Eurer Tyrannen (so nannte man durchgehends alle Landesherrn) zu befreien, und Euch das unschätzbare Geschenk der Freiheit und Gleichheit zu bringen. Wie reimte sich das? Wenn man in ein Land kömmt, um seine Bewohner glückli cher zu machen, als sie schon sind, fängt man's damit an, daß man drohet ihre Häuser zu verbrennen, um ihnen das Geld abzupressen — daß man Mönche und Nonnen aus ihren einsamen Zellen, Hausväter und gewerbsame Bürger aus den Armen ihrer Familien in die Gefangenschaft fortschleppet und sie nicht eher loszulassen drohet, bis alles auf den letzten Heller bezahlt seyn wird? Eine sonderbare captatio benevolentiæ! diese Leute haben ihre eigene Rhetorik. Die Mainzer zwar hatten nicht so sehr Ursache, über die besondere Sprache betroffen zu seyn, als die Wormser, weil sie, wenigstens die Bürgerschaft, nichts hatten bezahlen müssen: auch sollte Mainz das Treibhaus dieser neuen Früchte werden, um sie an deutsches Klima zu gewöhnen. Da spann sich in kurzer Zeit ein zahlreicher Klub oder eine Gesellschaft von Freunden der Freiheit und Gleichheit an, welche schwuren der Freiheit und Gleichheit treu zu seyn, und frei zu leben oder zu sterben. Wider alle Erwartung griff die Seuche um sich und verbreitete sich bis Worms und Speyer. Der nunmehr zum Sekretär des Generals Cüstine umgeschaffene Doktor Böhmer stand überall an der Spitze und eiferte über die Maaßen für die Zustandebringung dieser Gesellschaften. Noch wußte kein Mensch, was das

Ding heissen, noch welchen Sinn Freiheit und Gleichheit für die Deutschen haben sollten: ob sie bestimmet wären selbst frei und gleich zu seyn, oder nur die Freiheit und Gleichheit der Franzosen befestigen zu helfen? Der letzte Sinn war wenigstens dem Sprachgebrauche angemessener; indem man wohl Menschen, aber nicht zufälligen Eigenschaften treu seyn kann: er war auch den bisherigen Umständen angemessener, da die Franzosen mit den Deutschen wenigstens feindlich umgegangen waren. Ich sage wenigstens, denn es kann auch etwas mehr seyn als feindlich; nach Kriegsrecht versteht sich. Ehedem erkaufte man durch Brandschatzungen den Besitz und Genuß seines Eigenthums: aber diesmal mußten die Stifter, Klöster und Fürsten Brandschatzung geben, und hernach macht man Miene, ihnen ihre Güter nehmen zu wollen: ob es wirklich dazu kömmt, wird die Zeit lehren. Das Volk schien auch, vielleicht aus eben diesen Gründen, keinen sonderlichen Geschmack an diesen Dingen zu haben. Bei dem sahen die Verheissungen des Doktors Böhmer ausserordentlich windig aus, und es schien daß er mehr bedacht war, sich bei den Franzosen Verdienste, als seine alten Landsleute glücklich zu machen. General Cüstine gab sich vor der Hand nicht viel mit der Sache ab, und hatte auch in der That wichtigere Dinge zu besorgen, indem, wie wir gehöret haben, der Feldzug ihm ziemlich zu schaffen machte.

Um den großen Haufen, der das Ding in stumpfer Ungewißheit angaffte, zur Erklärung zu bringen, erfanden Böhmer und ein anderer Sekretär Namens Stamm, das vehiculum der zwey Bücher, wovon das eine roth gebunden, das andere in kohlrabenschwarzem Bande mit Ketten behangen war. Durch dieses symbolische Possenspiel, welches die Franzosen zu erfinden zu ernsthaft gewesen waren, wollte man die Leute zwingen, sich ins rothe Buch, ins Buch der Seligen einzuschreiben, damit sie nicht ipso facto der Freiheit verlustig erklärt, und ihre Namen ins Buch der Verdammniß eingeschrieben würden. Man ließ die Inwohner der Städte und affiliirten Dörfer auf die Hörsäle der Gesellschaften entbiethen, hielt Reden, so gut man's konnte, überredete aber wenige. Wenn je hier und da einer seinen Namen ins rothe Buch hinsudelte; so hatte er besondere Ursachen dazu.

Diese Unentschlossenheit des Volkes hinderte den Doktor Böhmer nicht, an der Herstellung eines andern Symbols der Freiheit zu arbeiten, nämlich an Errichtung der Freiheitsbäume mit einer rothen Kappe am Gipfel. Ich möchte ums Himmelswillen nur wissen, wozu alle diese Symbole dienen sollen? Bücher, Bäume, rothe Mützen, dreifarbige Bänder und Huthschleifen! Es giebt keinen andern Zweck, als dem gaffenden Pöbel ein sinnliches Spielwerk zu geben. Vernünftige Männer haben einen Abscheu davor, weil sie lächerlich und gefährlich sind. Der wärmste Freund der Freiheit darf nur seine Huthschleife oder sein Bändchen, das man am Knopfloche trägt, vergessen, so lauft er Gefahr gemishandelt zu werden, wenn er unter einen Haufen Unholde geräth, welche die Freiheit mit dem Prügel in der Faust predigen.

Bisher hatte, wie gesagt, Cüstine wenig Antheil an alle dem Zeug genommen: aber kaum standen die Bäume, so änderte sich die Bühne wie auf den Schlag einer Zauberruthe. Kurz darauf wurden in den drei Städten alle alten Obrigkeiten abgeschaffet, und der General ernannte aus eigener Macht in jeder derselben zween Municipalbeamten, nämlich einen Märe und einen Sachwalter der Gemeinde: für alle drei Städte und deren Gebiete wurde zu Mainz eine allgemeine Verwaltung angestellet, welche die

Stelle der Landesregierungen vertrat. Die Municipaleinrichtungen auf dem Lande wurden durch Abgeordnete vom Klub besorgt, und die Personen dazu von den Dorfleuten selbst gewählet. Bei Cüstine's Ernennung ward, gemäß dem System der Gleichheit, weder auf Religion noch auf Stand Rücksicht genommen. So wurde in der lutherischen Stadt Worms ein Kanonikus von St. Martin, Namens Winkelmann, zum Märe gemacht, und sein Beigeordneter der Gemeindesachwalter ist gleichfalls katholisch. Dieses machte viel Aufsehen. Zum Glücke ist Winkelmann vielleicht der einzige zu diesem Amte fähige Mann, den Worms aufzuweisen hat, wenn man die Dienerschaft des Bischofs ausnimmt. Dieser, wegen seiner Talente, Thätigkeit, Redlichkeit und Wohlthätigkeit allgemein geschätzte Mann, würde nur wenige Gefährten seines Schicksals haben, die in gleichem Grade bedauert würden, wenn bei veränderter Lage der Sachen die Rache des Siegers sich auf diejenigen erstrecken sollte, welche durch ein blos angenommenes, nicht gesuchtes Amt an der neuen Ordnung der Dinge Theil genommen haben. — Nachdem das Volk, welches bei der Installirung um seine Einwilligung gefraget wurde, der Ernennung des Gene rals seinen Beifall gegeben hatte, *) wurde ein neuer Freiheitsbaum mit vielem Gepränge gepflanzet, und die Zusicherung gegeben, daß die seit sechs Wochen in Landau sitzenden Geisseln, ohne weitere Forderung entlassen werden sollten, welches auch bald darauf geschah.

Nicht lange nach Ernennung gedachter Beamten, wurden die Municipalitäten mit einer verhältnißmäsigen Anzahl von Municipalitätsbesitzern versehen und zugleich Gerichtshöfe angestellet, welche die Justiz verwalteten, während die Municipalitäten alle übrigen Gegenstände der Staatsverwaltung unter dem Einflusse der allgemeinen Verwaltung in Mainz versahen. So gut dieses alles an und für sich war; so war es doch immer nur ein Werk des Generals Cüstine; in-

---

*) Der Zusammenlauf des Volkes ist bei dieser Feierlichkeit nirgend sonderlich groß gewesen. Das Merkwürdigste war, daß überall die ersten Magistratspersonen dabei zugegen waren und diese Umwandlung der Dinge ohne Widerrede genehmigten. Geschah es wegen unvermeidlicher Nothwendigkeit; so sehe ich nicht, wie man jetzo Jemand strafen könne, der daran Theil genommen hat.

dem der Nationalkonvent noch nicht erkläret hatte, wie er's mit den Völkerschaften und Ländern wollte gehalten wissen, welche sich unter den französischen Waffen befinden. Man wußte also noch nicht, ob die Franzosen ihre Grundsätze wollten gelten machen, und ob nicht alles, was Cüstine gethan hatte, widerrufen werden würde: hingegen war es bekannt, daß an andern Orten, wo diese Nation Vorschritte auf fremdes Gebieth gemacht hatte, überall sogleich mit freien Volkswahlen der Anfang gemacht wurde, während in Deutschland dieser General sich wahrhaft als Sieger und Eroberer aufführte, indem er eigenmächtig die alten Obrigkeiten sogar in den republikanischen Reichsstädten abschaffte, neue einsetzte und dabei auf den kleinen Umstand nicht achtete, daß er kein einziges Individuum im Lande kannte, von dem er überzeugt gewesen wäre, daß es verdiente, zur Obrigkeit zu gehören. Ein Klubist in Worms, der nicht begreifen konnte, wie es sich mit den Grundsätzen der Freiheit und Gleichheit vertrage, daß man einem Volke nach Willkühr Obrigkeiten — und diesen das Recht gab, willkührliche Gesetze zu machen, erlaubte sich zu sagen, die Freiheit sei in der Wiege ersticket, und das Volk in dem willkührlichsten Despotismus versunken. Die reformirte Parthei, die wegen der

Hugenotten in Frankreich der Neuerung am meisten Freund ist, erregte darüber einen heftigen Lärmen und veranlaßte, daß die Rede, die der Mann gehalten hatte, durch die Municipalität im Amtskleide (es ist ein schwarzes Kleid mit einer dreifarbigen Schärfe) unter Bedeckung von zwölf Mann mit Ober= und Untergewehr aus seinem Hause abgeholt wurde. Nichts konnte mehr beweisen, als dieser Auftritt, daß der Mann die Wahrheit geredet hatte: denn dieses wäre bei der alten Regierung nicht geschehen. Man befürchtete ernsthafte Folgen, aber die allgemeine Verwaltung in Mainz begnügte sich mit einem Verweise, dessen Inhalt ihren Gesinnungen Ehre macht.

Man hat bemerket, daß es in Worms überhaupt am stürmischsten hergegangen. Nebst den allgemeinen, schon erzählten Ursachen des Misvergnügens mag wohl die Verschiedenheit der Religionen auch vieles dazu beigetragen haben. Die Lutherischen, als die mächtigste Parthei, sahen sich mit Unwillen ihrer Alleinherrschaft beraubet: die Katholischen seufzten schon über den bevorstehenden Verlust ihrer Güter (ich meine die geistlichen Güter) und ihrer Bedienungen am Hofe des Fürsten und bei den Stiftern. Selbst der katho=

sche Handwerker und Krämer sah in dieser Veränderung den Verlust seiner Kundschaften: denn die Intoleranz geht bei einer wie bei der andern Parthei so weit, daß sie auf den Verschleiß der Heringe und Stockfische Einfluß hat.

Non monstrare vias, eadem nisi sacra colenti. Die Reformirten, welche allein nichts zu verlieren haben, wollen mehr seyn, als sie bisher gewesen sind, und um dahin zu kommen, wünschen sie sich jeden andern Herrn lieber als die alten. Wenn daher die zwo ersten Partheien wünschten, daß die Nation alles verwerfen mochte, was Custine bis dahin gethan hatte; so harrte die dritte auf Bestättigung. Sie harrte nicht lange: denn kaum hatte der General die Municipalitäten, und andere Stellen, wie ich oben gesagt habe, vollends organisiret; so erschien das so lang angekündigte Dekret in Absicht auf die Völkerschaften, die unter französischen Waffen wirklich standen, oder in Zukunft stehen würden. Als das merkwürdigste Stück, das bisher in Bezug auf Deutschland erschienen ist, will ich es ganz abdrucken und dieser Schrift anhängen lassen. Nur bemerke ich, daß der dritte Absatz dahin abgeändert worden ist, daß auch privilegirte Personen zu Aemtern gewählet werben können, wenn sie zuvor schriftlich auf ihre Privilegien Verzicht leisten, und daß am Ende diese Verzicht bei Strafe der Landesverweisung anbefohlen worden ist.

Die Nation hat zwar in diesem Dekrete nicht ausdrücklich gesagt, daß sie dergleichen Völker sich einverleiben wolle: allein das Beispiel von Avignon und jenes von Savoyen lassen schon voraus sehen, was geschehen wird. Wer mich zwinget, ein Gesetz anzunehmen, der ist schon mein Herr; und wenn er stärker ist, als ich, so räth mir die Klugheit, in allem seinen Willen zu thun. Die Franzosen werden es auf was immer für eine Art dahin bringen, daß von diesen Völkern Deputirte nach Paris gehen, und um die Vereinigung mit Frankreich ansuchen: die Nation wird ihrer Großmuth Gehör geben, und die Bitte gewähren — dann Wehe! dem, der sich einfallen läßt, zu widersprechen: es giebt noch mehr als einen Jourdan Coupe-tête. Ich wünsche, daß jeder, den die Folgen dieses Dekretes interessiren können, diesen Gedanken nicht aus dem Sinne lasse, und sein Betragen darnach einrichte. Wenn in der Zukunft das Glück der Waffen den deutschen Armeen günstiger ist, wenn sie die Franzosen besiegen, und die Länder am linken Ufer des Rheins wiederum unter ihre vori̊ge Herrschaft bringen; so bin ich zum voraus versichert, daß die Fürsten Deutschlands zu großmüthig sind, um diejenigen ihrer alten Unterthanen etwas entgelten zu lassen, welche als leidende Werkzeuge dieser gewaltsamen Staatsumwälzung nichts anders gethan haben, als dem Strome nachzuschwimmen, so weit er sie trieb.

Man hat sich schon vielfältig gefraget, ob die Franzosen die Städte und Gebiete von Mainz, Speyer, Worms und andern kleinern Herrschaften am linken Ufer des Rheins zu behalten gesonnen seien, ohne daß sie zugleich Herren derjenigen Länder sind, wodurch diese Gebiete von den Grenzen Frankreichs abgesondert werden? Ich behaupte das Gegentheil: daß nämlich ohne die Kurpfalz und Zweibrücken zu haben, nicht im Ernste daran gedacht werde, etwas vom entferntern Deutschlande zu behalten und Frankreich einzuverleiben: wenigstens wäre es gegen alle Klugheit, sich selbst einen solchen Zankapfel zu erschaffen. Diejenigen, welche einmal in das System der Freiheit und Gleichheit verliebt sind, ohne zu wissen, warum, wähnen, daß diese kleinen Staaten Deutschlands eine ganz unabhängige Republik ausmachen, und blos unter dem

Schutze Frankreichs stehen könnten: allein dieser Schutz würde für die Franzosen zu lästig, und für die Schutzgenossen zu gefährlich werden, als daß jene ihn leisten, diese ihn annehmen könnten. — Wenn die Franzosen sich auf dieser Seite vergrößern wollen, so müssen sie trachten, alles zu nehmen, was zwischen dem Rhein und der Mosel lieget: aber um diesen Zweck zu erreichen, werden sie weit mehr Schwierigkeiten finden, als sie sich wirklich vorstellen. Es war ein Mittel, diese Schwierigkeiten verschwinden zu machen: innerliche Unruhen in den Staaten ihrer Feinde; allein der Geist der Empörung hat sich ziemlich verloren, und es läßt sich nimmer darauf zählen. Diese Ruhe in Europa, die gewiß kein Politiker vermuthet hat, wenn er den Krieg der Franzosen gegen Deutschland unter die nothwendigen Ereignisse zählte, hat man den Franzosen selbst zu verdanken. Diese hatten anfänglich die heiligsten Versicherungen gegeben, daß sie an keine Eroberung, an keine Erweiterung ihrer Grenzen dächten, und daß sie jedem Volke, das nach ihrem Beispiele das sogenannte Joch des Despotismus abwerfen wollte, Schutz und Beistand geben würden, ohne sich im geringsten um die Form der freien Konstitution zu bekümmern, die es sich zu geben für gut finden würde. Nun aber lautet

es

es anders: jedes Volk, zu dem die Franzosen kommen, muß schlechterdings die französische Verfassung, (so weit sie dermalen existirt) nämlich die Grundsätze der Freiheit und Gleichheit, annehmen, oder nicht nur auf ihren Schutz Verzicht thun, sondern sich feindlich behandeln lassen. — Wenn ein Volk frei zu seyn wünscht, so ist es, um frei zu seyn, das ist, sich selbst nach Wohlgefallen regieren, und Gesetze machen zu können, die es seiner Lage angemessen findet; nicht aber blos die Herrschaft eines Fürsten mit der Herrschaft einer mächtigen, zahlreichen und unbändigen Nation zu vertauschen: da hieße es wahrlich:

Incidit in Scyllam, qui vult vitare charybdim.

Die Abneigung manches Volkes gegen die französische Verfassung ist schon um so größer, als man anfängt, die Fehler derselben allgemein einzusehen. Zudem haben nicht alle Völker gleichviel Ursachen, mit dem Adel, mit der Geistlichkeit oder selbst mit ihren Fürsten mißvergnügt zu seyn, als die Franzosen hatten: der Adel hingegen, die Geistlichkeit und die Fürsten sind überall auf ihre Erhaltung eben so sehr und vielleicht mit mehr Klugheit bedacht, als es in Frankreich geschah; es läßt sich daher leicht berechnen, auf welcher Seite der Sieg seyn werde. Andere Ursachen bringen andere Wirkungen hervor: wäre der Bauernstand in Frankreich nicht unglücklicher gewesen, als es das Landvolk in Deutschland ist, so würde Mirabeau mit aller seiner Geisteskraft keine Revolution zu Stande gebracht haben. So gerne ichs den Franzosen glaube, daß sie bei ihrer neuen Verfassung glücklicher seyn würden, als sie es unter der alten ganz willkührlichen Regierung waren, wenn sie dabei ruhig seyn könnten; eben so überzeugt bin ich, daß es den Fürsten Deutschlands gar wohl möglich ist, ihren Unterthanen ohne gewaltsame Erschütterung und ohne einiges Opfer eine weit dauerhaftere Glückseligkeit zu verschaffen, als die Franzosen jemals versprechen können, so lang sie bleiben, was sie sind, ein leichtsinniges, unruhiges Volk ohne Sitten. In der That sind es nicht die Auflagen, die das Volk in Deutschland drücken, sondern die ungleiche Austheilung derselben, und die Art von Erniedrigung, die für die zahlreichste Klasse des Volkes damit verbunden ist; indem es scheint, daß man nicht zahle, weil man Vermögen besitzet, und damit die Kosten der Staatsverwaltung bestritten werden können, sondern weil man ein Unterthan ist: denn die ersten zwo Ursachen treffen beim Adel und der Geistlichkeit eben sowohl als bei dem Bauer ein. Eben so wenig kränket sich das deutsche Volk über Titel und persönliche Vorzüge des Adels; wohl aber über seinen Hochmuth, über seine Zügellosigkeit und Ungestraftheit bei Uebertretung der Gesetze, während dem Volke Verachtung, Zwang und die empfindlichsten Strafen, auch bei geringen Fehltritten, zu Theil werden. Man klaget nicht über die Gesetze, sondern über die schlechte Verwaltung der Justiz. Wenn unsere Fürsten die Leibeigenschaft aufheben, die Güter der Geistlichkeit und des Adels wie jene des gemeinen Mannes mit Abgaben belegen, beiden die Gerichtsbarkeit nehmen, die Bettelmönche nach und nach aussterben lassen, die Zahl der übrigen begüterten Mönche so weit einschränken, daß sie von ihren liegenden Gütern ohne Zehenten leben können, damit das Landvolk wenigstens eine entfernte Hoffnung habe, dieser barbarischen*) Auflage dereinst enthoben zu seyn—

---

*) Dieser Ausdruck hat keinen Bezug auf das Barbarische, das etwa in der Auflage selbst liegen sollte, sondern auf ihren Ursprung aus den Zeiten der Barbarei, wo man aus Mangel an Geld mit Naturalien zahlen mußte, und dabei wirklich glaubte, es wäre göttlichen Rechtes, gerade den zehenten Theil davon zu erheben.

wenn sie durch eine wohlorganisirte Repräsen‘a-
tion des Volkes der Gesetzgebung und der Finanze
das anstößige Ansehen der Willkührlichkeit nehmen — wenn sie endlich durch dergleichen väter=
liche Einrichtungen dem Volke die schmeichelhafte
Meinung lassen, daß es einen Werth habe, und
daß sie ihn zu schätzen wissen; so gewinnen sie
an Einkünften und Bevölkerung, folglich an wahrer Macht, und sind der Gegenstand der Se-
genswünsche ihrer Unterthanen. Der Adel und
der geistliche Stand werden es nicht wagen, diesen väterlichen Wohlthaten der Fürsten für ihre
Unterthanen viele Hindernisse zu machen; eines-
theils wären sie zu schwach, anderntheils müßten
sie ja befürchten, a la françoise behandelt zu
werden, wovor ihnen gewiß noch mehr grauet.
Wenn man aber diese Einrichtungen in Deutschland allgemein machen wollte, so müßten nothwendig die Reichsedelleute, die Reichsstädte,
die Reichsgrafen, die kleinern Reichsfürsten,
die Reichsprälaten, die kleinen Bißthümer, als
Worms, Speyer, Fulda, Kostanz, Augsburg,
Regensspurg, Freysing, Passau, Eichstädt,
Trident, Brixen, Lübeck, u. dergl. den größern
Staaten einverleibet werden, in denen sie dermalen ohne Zusammenhang eingeschlossen sind; während die größern geistlichen Fürstenthümer und

Kurfürstenthümer, einzeln oder mehrere miteinander, wie es die geographische Lage leidet, an weltliche Fürstensöhne vergeben würden.

Wie man sich das politische Betragen der Franzosen weit erträglicher vorgestellet hatte, als es in der That ist; so hat man sich in Ansehung ihrer Sittlichkeit auf einer andern Seite betrogen. Man hatte sie sich vorgestellet, als ein ganz ausgeartetes, raub- und mordsüchtiges, zuchtloses Volk: im Gegentheile fand man noch immer die artigen Franzosen, die, sich durch eine angenehme Lebensart auszuzeichnen, im uralten Besitze sind. Wenn man bedenket, daß bei weitem der größte Theil der Armeen aus Leuten besteht, die seit drei Jahren in einer Art von Taumel leben, und mitten im bürgerlichen Tumult aus allen Ständen zusammengelaufen sind, um die Feinde ihrer Freiheit zu bekämpfen; so erstaunt man über die Zucht und Ordnung, die bei ihnen herrschet, und man kann Dank und Hochachtung den Heerführern nicht versagen, welche dieses Wunder bewirkt haben. Die Ausschweifungen, welche sich einige Freiwilligen in Speyer erlaubt haben, würden böse Folgen für die Disciplin gehabt haben, wenn nicht Cüstine die Urheber davon unerbittlich mit dem Tode gestraft hätte:

ein Hauptmann und einige Gemeine waren das Opfer. Dieser General läßt nicht nach, jeden Unfug nach aller Strenge der Kriegsgesetze zu ahnden, und der Soldat, der es weiß, vergißt den Auftritt von Speyer nicht.

Die Gesinnungen der Truppen in Ansehuug der neuen Verfassung sind wohl, im Ganzen genommen, einerlei: jedoch bemerkt man, daß der Freiwillige weit mehr dafür eingenommen ist, als der alte Soldat. Ein Mann, der einmal daran gewöhnt ist, Soldat zu seyn, der es war, ehe diese Neuerungen entstanden sind, fasset den Gedanken, zugleich auch Bürger zu seyn, nicht so leicht in seiner ganzen Stärke. Zudem haben die Linientruppen Ursache, eifersüchtig zu seyn: denn daß man die Freiwilligen so sehr vermehret, während auf die Vermehrung der Linientruppen sehr wenig gedacht wird, muß ihnen beweisen, daß man auf sie mißtrauisch ist, und ihnen nirgends die Oberhand lassen will. Es läßt sich unterdessen nicht geradezu behaupten, daß sie dieses Mißtrauen rechtfertigen: denn wenn sie von der königlichen Familie und dem Adel mit mehr Mäßigung sprechen, und nicht, wie die Freiwilligen vielfältig thun, den König geraden Wegs auf das Schaffot und die Königinn ins Spinnhaus schicken; so sehe ich es für einen höhern Grad von Sittlichkeit an, den ihnen der Dienst und der Umgang mit wohlerzogenen Leuten eigen gemacht haben. Vielleicht ist es auch Ueberzeugung, daß alles besser gegangen wäre, wenn man den Adel und die königliche Familie mit mehr Glimpf und Achtung behandelt hätte. Diese Ueberzeugung findet neben der brausenden Leidenschaft der Freiwilligen noch zur Zeit nicht Platz: sie kömmt aber unfehlbar, Gott gebe nur, daß es bald geschehe! Die französische Armee hat ein sehr possirliches Ansehen: daß selbst vom Fußvolke ein Drittheil weiß und zwei Drittheile blau gekleidet — daß diese verschiedenen Farben stets untereinander gemenget sind, das gienge noch an; allein von denen, die blau gekleidet seyn sollen, hat der eine einen Rock, der andere einen Kapot, ein dritter hat weder eines noch das andere, sondern läuft im Kamisölchen mit. Anfangs kamen ganze Bataillone in Bauernkitteln, mit der schlechtesten Bewaffnung, die ein Soldat nur haben kann. Mit solchen Leuten haben die französischen Generäle den ersten Feldzug gemacht, und den tapfersten Truppen in der Welt glücklichen Widerstand geleistet: daraus kann man auf den Enthusiasmus schliessen, der die Franzosen für die Freiheit beseelte. Die Freiwilligen sind

fast durchgehends rohe Bauern- oder Handwerkspursche, selbst die meisten Offiziere unter ihnen
sind eben so roh als die Gemeinen. Von solchen
Leuten kann man nun freilich nicht viel Lebensart
erwarten, und zwar um so weniger, als leider!
das Bauernvolk in Frankreich bisher viel zu arm
war, um seinen Kindern die geringste Erziehung
geben zu lassen: unterdessen sind sie doch, eine
etwas cynische Lebensart abgerechnet, alle höflich, und es ist ein sehr seltener Fall, daß einer
seinen Wirth oder sonst Jemand beleidiget, wie
bei andern Völkern in Kriegszeiten sehr häufig geschieht. Dem allgemeinen Gerüchte nach haben
sich die Deutschen in Frankreich ganz anders betragen, so daß man den Franzosen die Ausübung
des Vergeltungsrechtes nicht ganz übel nehmen
könnte; aber sie thun es nicht, wenigstens noch
zur Zeit hat man kein Beispiel davon.

Daß dieser Krieg von einer ganz andern Art
sei, als die vorhergehenden, das hat man gleich
zu Anfang aus dem Tone abnehmen können, den
die französische Nation führte, und den die kommandirenden Generäle beiderseits fleißig nachge-
ahmet haben — den Ton der Verachtung und
des Hohnes, so daß es das Ansehen hatte, als
würden wir in die Zeiten des trojanischen Krie-

ges zurückgesetzet, wo Götter und Menschen sich ein Bischen zu freimüthig behandelten. Das Manifest des Herzogs von Braunschweig ist zwar nicht in beleidigenden Worten abgefaßet, aber es war doch beleidigend, indem es die Verachtung ausdrückte, mit welcher dieser große Feldherr die französische Nation ansah: nämlich als einen Haufen rebellischer Bärenhäuter, die er wie schüchternes Wild zerstreuen, und wenn sie es wagen sollten, sich zu widersetzen, als Rebellen behandeln würde. Dieser Ton, der nach etlichen gewonnenen Schlachten selbst unter den Mauern von Paris noch nicht an seinem Platze gewesen wäre, war es dreißig Stunden von der französischen Grenze noch weniger: er war über die Maßen unpolitisch. Denn fürs erste war er eben das Mittel, die Wuth der Franzosen noch mehr zu reitzen, die weniger, als je ein Volk auf der Welt, sich verachten lassen, und die selbst zu viel Wohlredenheit besitzen, um sich durch Worte schrecken zu lassen. Fürs zweite kannte der Herzog die Franzosen als ein tapferes Volk: die Verachtung desselben schien sich daher auf die Einverständnisse zu gründen, in denen er mit den französischen Befehlshabern stand, und die ihn des guten Erfolgs seiner Unternehmung schon zum voraus versicherten. Wenn dem so war, wie man beinahe nicht zweifeln kann; so war es nicht klug, sich es auch nur von weitem ansehen zu laffen, so lang der König, den man retten wollte, noch in den Händen seiner Feinde war: weil er, als die vollziehende Macht, dadurch in Verdacht kam, daß diese Einverständnisse ihm nicht unbekannt seien. Dieses geschah wirklich, und brachte die Auftritte vom 10. August hervor, die sehr traurige Folgen schon gehabt haben, und noch haben können.

Der französische General Jarry drohet dem kaiserlichen Feldherrn von Beaulieu, er werde Kortrik verbrennen, wenn ihn die Oesterreicher nicht in Ruhe ließen: als wenn es eine Sünde wäre, im Kriege auf einander zu schießen. Beaulieu heißt ihn dagegen, noch ehe er seine Drohung ins Werk gesetzet hatte, einen Mordbrenner.

Prinz von Hohenlohe (der kaiserliche General) schickte einen Trompeter mit vier Franzosen, die seine Leute unbewaffnet aufgefangen hatten, an die französischen Vorposten bei Landau. Die französischen Freiwilligen, die, wie leicht zu erachten, nicht wußten, was moris ist, feuerten auf den Trompeter und ihre eigenen Leute, die sie vermuthlich nicht kannten. Nun schrieb der Prinz einen sehr verächtlichen Brief an den General Kellermann, warf mit Schurken und Nationalhorden um sich, begehrte Genugthuung, und erklärte zugleich, daß er keine Antwort annehmen würde: Kellermann mußte also die Genugthuung in mehrere Zeitungen setzen lassen, wenn er wollte, daß der Prinz sie erführe — und das sollte er doch wollen, weil man sonst mit Rache drohte.

General Custine erscheint am Rheinstrome, schreibt ein Manifest nach Hessen, in welchem er den Landgrafen einen Tirannen, Blutigel und Tiger betitelt. Wenn Achilles zu Agamemnon sagt: Du hast das neidische Aug eines Hundes, und das furchtsame Herz eines Rehes; so führt er gerade dieselbige Sprache: aber er hatte mehr Ursache, da ihm dieser die schöne Briseis weggefischet hatte. Der Landgraf von Hessen hingegen hatte dem General Custine noch kein Leid gethan, und dessen Landsleuten nicht viel, indem die kleine hessische Armee, die der Landgraf selbst kommandirte, nach dem Zeugnisse der Franzosen selbst, sich durch Ordnung und Mannszucht ausgezeichnet hatte. Der General war, wie es scheint, so von sich, von seinem Ruhm und dem Werth der französischen Freiheit eingenommen, so sehr von dem Wunsche der Hessen überzeugt, dieses Glückes theilhaftig zu werden, daß er keinen Augenblick zweifelte, sie würden ihren Herrn zum Teufel jagen, um unter französischer Fahne und unter seiner Anführung zu streiten.

Um Anlaß zum Schimpfen zu haben, fieng eben dieser General das Mährchen auf, daß der Landgraf einen sehr hohen Preiß auf seinen Kopf gesetzt habe, (wahrscheinlich ein Kompliment, das man ihm machte) und nun mußte sein Sekretär Stamm an den Landgrafen schreiben, ihn einen Menschenfleischhändler heißen, und ihm den Antrag machen, daß er seinen Herrn um die Hälfte des Preises mit der ganzen französischen Armee vor die Thore von Hanau liefern wolle. Der Landgraf war so gefällig, ihm bis nach Höchst entgegen zu gehen, und da zog Custine sich zurück. Ist es nicht Schade, daß ein Mann, den man vieler guten Eigenschaften halber schätzen muß, sich so weit vergessen kann?

Selbst die französischen Generäle unter sich behandeln sich auf eine ähnliche Art. Custine warf dem General Kellermann in einer öffentlichen Anklage Verrätherei und Feigheit vor: dieſer antwortete, die Anklage ſei im Rauſch oder in einem Anfalle von Wahnſinn geſchrieben worden. Die Sache hatte keine weitern Folgen, als daß Kellermann auf eine ſehr ſchmeichelhafte Art von der Anklage losgeſprochen, und an die Spitze der Armee in Savoyen verſetzt wurde. Sollte Cüſtine es abſichtlich gethan haben? Das wird die Zeit lehren: bisher (ich ſchreibe am Ende Decembers) läßt ſich nichts ſagen.

Am 1. Jänner 1793. kamen drei Abgeordnete vom Nationalkonvent in Mainz an. In den deutſchfranzöſiſchen Städten, durch welche ihre Reiſe gieng, ſtatteten ſie unter Wegs den Muniсipalitäten Beſuche ab, die Truppen ſtellten ſich allenthalben unter Gewehr, und ſie wurden mit einer ihrem Charakter angemeſſenen Würde, jedoch ohne Prunk und Lärmen, empfangen. Man glaubte anfänglich, daß ſie gekommen wären, um die politiſchen Einrichtungen zu bewerkſtelligen, welche auf das Dekret vom 15. December vorigen Jahres folgen ſollten: allein das war ein Irrthum, denn zu dieſem Ende mußten nach dem Innhalt des Dekretes erſt Abgeordnete des vollziehenden Rathes von Paris kommen, die keine Mitglieder des Nationalkonvents wären. Es zeigte ſich auch bald, daß ihre unerwartete

Ankunft einen andern Zweck haben mußte; indem es mit der politischen Verfassung weder rückwärts noch vorwärts gieng, sondern alles in dem Stande blieb, in welchen General Cüstine es vorläufig gesetzet hatte. Es war keine Rede von Urversammlungen, von Wahlen oder sonstigen Neuerungen. Daß es den Kommissären nicht an gutem Willen dazu gefehlt habe, das will ich wohl glauben, und ein Bischen Unordnung im Verfahren ist es nicht, was einen Franzosen aufhalten kann: allein es ist mehr als wahrscheinlich, daß sie nicht alles so gefunden haben, wie sie es von Paris aus gesehen hatten. Sie sind alle aus ehemals deutschen Provinzen gebürtig; Reubel von Kolmar, Hausmann von Strasburg, und Merlin aus dem luxenburgischen Städtchen Diedenhofen (Thionville.) Der erste und der letzte (dieser hat schriftlich für den Tod des Königs gestimmt) sind den Lesern der pariser Zeitschriften als ziemliche Sturmköpfe bekannt; doch sollen sie viel gemäßigter, wenigstens viel biegsamer seyn, als der bisher wenig bekannte Hausmann. Ein neuer Beweis von dem Satze, den Gellert in einer schönen Erzählung aufstellt: daß die Poltergeister nicht die schlimmsten Leute sind. Es ist auch glaublich, daß das öftere Aufbrausen der ersten mehr eine Wirkung der elektrischen

Stöße war, welche sie täglich von ihren Mitbrüdern empfiengen, als ein Ausfluß ihres eigenen Temperaments. Dieses wird wohl, je länger sie von Paris entfernet sind, immer mehr die Oberhand gewinnen, und wenn sie aufhören, mit Donquixots = Augen zu sehen, so werden sie bald erfahren, daß alle die Siege, eroberten Länder und gewonnenen Freunde der Freiheit, womit Cüstine den Konvent so angenehm unterhalten hatte, im Lande der Realitäten von geringer Bedeutung sind.

Die Hauptabsicht bei der Sendung dieser Männer nach Deutschland war wohl keine andere, als über die Lage der Armee am Rheinstrome und über das Betragen ihres Generals genaue Kundschaft einzuziehen — allenfalls auch über die Möglichkeit einer nähern Vereinigung dieser Gegenden mit Frankreich ihr Gutachten zu geben. Es ist nicht wohl anders möglich, als daß der Nationalkonvent einige Nachrichten erhalten hat, die nicht zum Vortheile Cüstine's lauteten. Denn nichts von den Frankfurter Abgesandten zu sagen, welche schon seit der Einnahme ihrer Vaterstadt durch die Franzosen in Paris waren, und den Parisern manche Aufklärung geben konnten, so ist es eine ausgemachte Sache, daß bei

weitem nicht alle Offiziere von seiner Armee,
auch nicht die Gemeinen, besonders die Freiwilligen nicht, mit seinen Anstalten zufrieden waren:
das Gemurre über den eben so närrischen als unglücklichen Zug nach der Wetterau war im Gegentheil fast allgemein. Man trieb den Tadel so
weit, daß man ihn des Aristokratismus beschuldigte. In der That schienen die Handlungen dieses Generals etwas zweideutig, indem man mit
einigem Grunde behaupten konnte, daß er die
Armee der Gefahr ausgesetzet habe, aufgerieben
zu werden: auch kam es vor, als hätte er den
General Kellermann blos darum angeklaget, um
ihn von der Armee gegen Deutschland zu entfernen, welches ihm auch gelungen ist. Selbst
dasjenige was er that, um Beweise seines Bürgersinnes zu geben, zum Beispiele das Manifest
gegen den Landgrafen von Hessen, war zu übertrieben, als daß man glauben konnte, daß es
ihm wahrer Ernst wäre. Man versichert auch,
daß der General Biron, ein biederer Mann,
welcher nach dem Verlust von Frankfurt bei der
Kanonade zu Höchst gegenwärtig war, seinem
Kollegen Custine sehr dringend zugeredet habe,
das rechte Ufer des Rheins zu verlassen. Ich
kann diese Nachricht nicht verbürgen, aber die
schnelle Rückreise dieses Feldherrn an seinen Posten

bei

bei Mannheim, den er bald hernach verließ, um zur Armee nach Italien zu gehen — die mißliche Lage, worein der kommende Winter die Armee nothwendig setzen mußte, das eines Theils der Eistrieb die Abführung der Schiffbrücke zu Mainz unvermeidlich und folglich alle Unterstützung, von Mainz aus, unmöglich machen würde, andern Theils der Besitz von Kassel und dem Dorfe Kostheim nicht Platz genug gewährten, um viele Truppen da zu halten, wo sie, ausser eilig aufgeworfenen Schanzen, keine Schutzwehre hatten — alles dieses zusammen genommen machet es wahrscheinlich, daß Biron an den Operationen des Generals Cüstine keinen Theil haben wollte, und, um nichts auf sich liegen zu lassen, dem Nationalkonvent seine Meinung nicht verhalten habe. Was das Betragen Cüstine's und derer die ihn nach seinem Kopfe handeln ließen, vollends unbegreiflich machet, ist folgende Bemerkung. Die Preussen hatten nach dem unglücklichen Feldzuge in Champagne die Lust gegen Frankreich Krieg zu führen ziemlich verloren: was unterdessen in Polen vorgegangen war, gab dem Könige gegründeten Anlaß, an den Grenzen Frankreichs wenigstens nicht die erste Rolle fortspielen zu wollen, und seine ermüdete, größtentheils kranke Armee machte es ihm nothwendig, Win-

Ites Heft. E

terquartiere zu suchen. Der Landgraf von Hessen hatte dem Herzoge von Braunschweig erkläret, daß er seine Armee gleichfalls zurückziehen müsse, und an den Kriegsoperationen keinen Theil mehr nehmen könne, indem seine Truppen in dem Feldzuge zu viel gelitten hätten. Dieser Brief ward aufgefangen und in Frankreich gedruckt. Die Franzosen hatten also, wenigstens für den Winter zween Feinde weniger. Um dieses Glück zu vereiteln, das für Frankreich ein wahres Glück war, fällt Cüstine ins Hessenland ein, zwingt den Landgrafen von neuem ins Feld zu ziehen, und den König von Preussen, diesem Alliirten zu Hülfe zu eilen, wodurch denn die Winterkampagne unvermeidlich ward. Man kann sagen, daß das Glück alles für die Franzosen that, und daß sie beständig ihrem Glücke entgegen arbeiteten. Ihre Lage am Rheinstrome wäre ausserordentlich vortheilhaft gewesen, wenn sie sich der Stadt Mannheim bemächtiget, oder wenigstens die Festungswerke am linken Ufer des Rheins geschleifet hätten: wenn sie sich dann mit dem linken Ufer des Rheins begnüget und ihre ganze Aufmerksamkeit darauf gewendet hätten, ihre Armee gehörig zu bewaffnen, zu üben und zu kleiden: wenn sie anstatt die Mannschaft durch beschwerliche Tagreisen, durch Krankheiten, die aus diesen Tagreisen und aus dem Mangel an Kleidung entstanden sind, endlich durch unnöthige Balgereien zu schwächen, die Armee auf 80000 Mann vermehret und zu künftigen Kriegsarbeiten hätten ausruhen lassen. Nun sie aber von alle dem das Gegentheil gethan haben, fängt ihre Lage an sehr mißlich zu werden: der Mangel reißt auf allen Seiten ein, Mangel an Futter, an Holz, an Kleidung; dabei nehmen die Krankheiten überhand, die sie durch ihre cynische Lebensart noch vermehren und gefährlicher machen: denn es herrscht in Mainz eine Unflätigkeit, die man von Huronen nicht erwarten sollte. Der Mangel an Holz und Futter ist eine Folge ihrer eigenen Unachtsamkeit: sie verbrannten das Holz, um es brennen zu sehen, und streuten den Pferden mit Heu — kurz, sie hausten anfänglich, als wenn sie nur acht Tage im Lande bleiben und nichts hinter sich lassen wollten. Der Soldat wird nicht nur unwillig, sondern auch kleinmüthig: denn da man sich im Glücke kein Ziel setzte, sondern die Welt auf einmal zu verschlingen drohte; so merket er wohl, daß man darum nimmer vorangeht, sondern zurück weichet, weil man sich zu schwach fühlet, den Widerstand zu überwinden: er sieht ein, daß man darum aus Hessen wieder abgezogen ist, weil der Feind stärker war, und man sich vor ihm nicht halten konnte: denn Cüstine hatte sich vorgenommen vom linken Ufer der Lahn Meister zu bleiben. Der französische Soldat, der gerne räsonnirt, weil er keine Stockschläge zu fürchten hat, fraget warum man hingegangen sei, und beantwortete sich die Frage auf eine Art, die für den General Cüstine nicht schmeichelhaft ist. — Alle diese Bemerkungen stellen die Talente dieses Generals in kein vortheilhaftes Licht: allein was soll man von dem vollziehenden Rathe denken, der ihn so fort arbeiten und nichts als Unheil anstellen ließ? Dieser Rath mußte doch den Mann kennen, mußte diejenigen kennen, die er um sich hatte, mußte in seiner Weisheit das Gute und Böse in seinen Unternehmungen einsehen und ihm, wo er fehlte, gemessene Befehle geben können? Man sollte es glauben: aber man erinnere sich nur, daß der Nationalkonvent dekretiret hatte, keine Winterquartiere zu nehmen und die Waffen nicht eher niederzulegen, bis alle Feinde Frankreichs über den Rhein zurückgetrieben wären. Damals war noch ganz Belgien in den Händen der Oesterreicher, an die Eroberung von Luxenburg war noch nicht gedacht, der ganze Moselstrom war von Preussen, Hessen und Oesterreichern besetzet: welche unbesonnene Anmaßung!

Es war eben so wenig wahrscheinlich, daß sie diesen Plan ausführen würden, als es wahrscheinlich war, daß sie ihn behaupten würden, wenn sie ihn wirklich ausführten. Unterdessen schien das Glück dieses Vorhaben zu begünstigen: wenn die Armee am Rhein stärker gewesen wäre, wenn sie anstatt über diesen Fluß zu gehen, sich der Mosel zu gezogen hätte; so würde wenig gefehlet haben, daß die Franzosen nicht Wort gehalten hätten.

Sed Dea, quæ nimiis obstat Rhamnusia votis,
Ingemuit flexitque rotam.

Kaum waren die drei Kommissäre in Mainz angekommen, so ereignete sich ein unangenehmer Vorfall für die Franzosen: sie wurden in der Nacht vom 6. Jänner bei Hochheim überfallen, verloren an Todten, Verwundeten und Gefangenen ungefähr 500 Mann und zwölf Kanonen, weil die Pferde nicht scharf beschlagen waren und auf den glitschenden Wegen nicht fortkommen konnten. Welche Nachläßigkeit! Der Kommissär Reubel, der hierauf im Klub zu Mainz eine Rede hielt, um die erschrockenen Freunde der Freiheit zu trösten, nannte es einen Zufall.

Die Freiwilligen sollen sich bei diesem Gefechte nicht vortheilhaft ausgezeichnet haben: wenigstens hat der Obrist von Ruttberg, der sie kommandirte, sehr über sie geklaget, und sich die Ehre verbethen, ferner ihr Anführer zu seyn. Die Kommissäre hatten ein paar Tage zuvor, also gleich nach ihrem Eintritt in Mainz, nach Paris berichtet, daß die Armee am Rhein die tapferste in der Welt sei. Das war noch ein Rest von elektrischer Materie aus Paris. Welcher Mann, der einen so wichtigen Posten übernimmt, wird das Herz haben, so etwas zu behaupten, ehe er die überzeugendsten Beweise hat? Hier waren — noch gar keine; ich will nicht sagen, Beweise vom Gegentheil — Was soll man von solchen Kommissären halten? Bei diesem Vorfall war die Rheinbrücke zu Mainz wirklich abgeführt: man sollte daher glauben, daß die Deutschen sich mit diesem Vortheile nicht begnügen, sondern etwas Wichtigeres hätten ausführen sollen. Allein es ist wahrscheinlich, daß man die Franzosen an diesem Platze blos amüsiren will, um an einem andern Orte einen wichtigern Streich auszuführen. Eine Unternehmung auf Kassel würde viel Volk gekostet und nichts genutzet haben: Kostheim zu erobern hätte wenig Vortheil gebracht, weil es die Franzosen unfehl=

bar in einen Steinhaufen verwandelt hätten. Die Hauptabsicht der Deutschen mochte also wohl gewesen seyn, die Franzosen hier blos in ihre Festungswerke einzuschliessen, damit sie die in der Gegend von Hochheim rückwärts kantonirende deutsche Armee nicht beunruhigen könnten. Die Franzosen dachten wahrscheinlich anders und schrieben der Ohnmacht der Deutschen zu, was diese aus weisen Gründen thun konnten: wenigstens läßt sich aus den Einrichtungen, die sie im politischen Fache machen, schliessen, daß sie ganz sicher glauben, Niemand könne sie mehr aus diesen Gegenden vertreiben. Gleich bei Anfang dieses Jahres ergieng an alle Stifter und Klöster in den Städten und Gebieten von Mainz, Speyer und Worms von Seiten der allgemeinen Verwaltung in Mainz der Befehl ein Verzeichniß ihrer Einkünfte von zehen Jahren her nach Mainz einzuschicken. Dieser Befehl machte vieles Aufsehen: da man nicht wußte, wohin er zielte, so stellte man sich das Schlimmste vor; indem man einmal schon keine gute Meinung von den Franzosen hatte. Man fürchtete daher, daß es darauf angesehen war, alle geistliche Güter, wie es in Frankreich geschehen war, auch in Deutschland einzuziehen und den bisherigen Besitzern bestimmte Jahrgehalte auszuwerfen.

Wenn aber dieses wirklich geschehen sollte, so besorget man mit gutem Grunde, daß noch ein ander Unheil daraus entstehen werde: es sind nämlich ausser den Domstiftern, deren Güter großen Theils am rechten Ufer des Rheins liegen, die Klöster und Stifter durchgehends nicht sehr begütert und besitzen ebenfalls vieles auf derselbigen Seite; es ist dahero zu fürchten, daß wenn die Franzosen dieses einsehen, sie einen großen Theil der Geistlichkeit übern Rhein schicken werden, um nicht mehr an Pensionen zahlen zu müssen, als sie an Einkünften gewinnen. Man kann sich leicht einbilden, wie es, bei solchen Aussichten, der Geistlichkeit zu Muthe war. Die Bestürzung und der Jammer ward aber allgemein, als die Proklamation des Generals Cüstine vom 3. Jänner bekannt wurde, worinn er, wie man zu sagen pfleget, gerade zu ad rem geht, und den Verkauf der geistlichen Güter ankündigt. Die Gelegenheit zu dieser äusserst übereilten Erklärung war folgende: Die Franzosen hatten bisher das Landvolk mit Fuhren und Lieferungen aller Art sehr mitgenommen und alles mit Scheinen bezahlt, welche nach einem Dekrete des Nationalkonvents mit Assignaten sollten ausgewechselt werden. Die Bauern, denen es weder mit Scheinen noch mit Assignaten gedient war, und welche baares Geld zu sehen wünschten, führten ihre Früchte nach Mannheim und wollten sich dadurch ausser Stand setzen, mehr etwas an die Franzosen liefern zu können. Custine, der die Folgen dieser Ausfuhr fürchtete, verboth sie bei Strafe der Konfiskation. Um aber seine Popularität beizubehalten, sagte er: „Wir werden Euch eine Entschädigung „vorschlagen, die Euch in Stand setzet, Euch „liegende Güter anzuschaffen. Ihr sollet näm= „lich durch den Ankauf, den ihr mit den Euch „gegebenen Empfangscheinen machet, Antheil „an jenen Grundstücken bekommen, welche „durch den unrechtmäßigen Besitz so vieler Jah= „re sich in den Händen jener Geistlichen, jener „religiösen Körperschaften befanden, die auf „die Unwissenheit der Völker gestützet, im Na= „men des Himmels den schönsten Theil der Er= „bengüter sich zueignete." (In diesem empha= tischen Predigerton sind alle Proklamationen ab= gefasset, die unter Custine's Namen erschienen.)

„Die bescheidenen und tugendhaften Seel= „sorger" fährt er fort, „durften es kaum wa= „gen, sich jenen im Schoose der Weichlichkeit „eingewiegten Wollüstlingen zu nahen."

„Ich kündige Euch an, daß nicht nur die „Fourage, welche Ihr uns liefern, sondern

„auch die Fuhren, welche Ihr für uns thun
„werdet, Euch künftig von der fränkischen Re-
„publik vergütet werden sollen. Vergleichet die-
„sen Umstand mit der Lage der Völker, in de-
„ren Landen die Armeen unserer Feinde sind,
„und urtheilet selbst, ob das Eure Freunde sind,
„die Euch von uns zu entfernen suchen."

„Die Franken haben sich nur darum bewaff-
„net, um diesen und ähnlichen Beschwerden ab-
„zuhelfen" u. s. f. Das heißt mit andern Worten: die Franken sind in die Fußstapfen weiland Ritters Donquixotte getreten; sie sind les redresseurs des torts, les réparateurs des injustices. Man hat Mühe zu finden, was das heissen soll. Erst sagt der Verfasser dieser lauterwälschen Proklamation, die Franzosen würden alles mit geistlichen Gütern bezahlen: um aber die Pfarrer, die gleichfalls Güter besitzen, durch diese Ankündigung nicht scheu zu machen;

Frontis ad urbanæ descendit præmia,

so machet er ihnen im Vorbeigehen ein Kompliment, das, wie alle Komplimente, nichts heißt. Zuletzt saget er, daß alles von der fränkischen Nation würde bezahlet, oder vergütet werden. Wenn dieses sich zu dem Vorhergehenden schicken soll; so kann es nichts anders heissen, als daß alle geistliche Güter von nun an ein Eigenthum der fränkischen Nation sind. Bei solchen Erklärungen können die Franzosen noch immer, und zwar ohne schamroth zu werden, behaupten, daß sie nichts erobern wollen, daß sie gekommen seyn, um den Beschwerden der Völker abzuhelfen u. drgl. m. *) Die allgemeine Verwaltung

*) Wenn das Nachfolgende seinen Grund im Vorhergehenden haben soll; so wird man Mühe haben, sich die Behandlungen vernünftig zu erklären, welche in der Folge das Loos einiger Mitglieder von der Administration gewesen sind. Sie konnten bei dergleichen Remonstrationen keine andere Absicht haben, als dem Landesherrn seine Sache zu erhalten. Hieraus folget erstlich, daß sie dem Landesherrn nicht untreu waren, und zweitens, daß sie an der Dauer der französischen Herrschaft in Deutschland nicht glaubten, und bei deren Endigung ihrer alten Herrschaft wieder angehören wollten. Einer davon, der bekannte Hofr. Schraut, Syndikus beim Domkapitel zu Worms, hat, als ihm diese Stelle angetragen, oder vielmehr aufgetragen worden war, seine Entlassung, oder die Versicherung verlanget, vom Domkapitel in die Zukunft seinen Unterhalt zu bekommen, woferne man ihm die Erlaubniß nicht geben wür-

von Mainz hatte dem General Cüstine Vorstellungen wegen der Verschleuderung der kurfürstlichen Mobilien und der öffentlichen Gelder gemacht: sie hatte sich darauf gegründet, daß alle dieses ein Eigenthum der mainzischen Nation und nicht der Franzosen sei (der einzige Grund, von dem Ihr die neue Ordnung der Dinge Gebrauch zu ma-

de, dieses Amt anzunehmen. Die Domherrn, an welche er sich einzeln gewendet hatte (sie waren in alle Gegenden zerstreuet) wollten nichts von der Entlassung wissen, sondern willigten herzlich gerne ein, daß er der allgemeinen Administration beiträte, und empfahlen ihm, ihre Angelegenheiten auch bei diesem neuen Amte mit der Treue und Redlichkeit ferner zu besorgen, die er mehr dann 20 Jahre hindurch dem Kapitel erwiesen hätte. Also war es kein Verbrechen, es war ein Dienst, den er dem Kapitel leistete, mit Beibehaltung seiner alten Pflichten ein Mitglied von der Administration zu werden. Die Domherrn glaubten also, daß ihnen Herr Schraut bei den Franzosen wichtige Dienste in Ansehung ihrer Pensionen würde leisten können — das heißt, sie glaubten am Ende des Novembers 1792. wenigstens halb und halb, daß die Franzosen im Lande bleiben würden. Aber kaum war diese Besorgniß verschwunden, als ein anderer Ton angestimmet wurde: nun war chen erlaubte) allein Custine antwortete: Der Staat von Mainz gehört der fränkischen Republik. Bei alle dem keine Eroberung! — Was unterdessen Custine vom Verkauf der geistlichen Güter gesaget hat, könnte allem Ansehen nach den zweiten Band zur Geschichte der Bärenhaut machen, und in sofern ist das Ding überaus lustig anzuhö-

H. Schraut ein Verbrecher — nicht zwar, weil er die Stelle angenommen, sondern weil er sie nicht eher niedergeleget hatte; indem er als ein vernünftiger Mann hätte einsehen sollen, daß er dem Kapitel dabei nimmer nützen könnte, und daß die Herrschaft der Franzosen nicht von Dauer seyn würde. Der Prozeß fieng also, wie es jetzo Sitte ist, damit an, womit er sonst aufhörte: was H. Schraut zuvor vergebens begehret hatte, das wurde ihm nun zur Strafe gegeben, seine Entlassung. Hierauf folgte der Inquisitionsprozeß, und ungeachtet H. Schraut an einer todtgefährlichen Krankheit darnieder lag, mußte er, um ja nicht entlaufen zu können, 21 Tage und Nächte einen Dragoner mit Ober- und Untergewehr an seinem Bette haben, der alle zwo Stunden abgelöset und ihm weder Tag noch Nacht die einem Kranken so nöthige Ruhe lassen konnte. Dabei blieb es ohne alle weitere Folgen — und bleibt auch dabei ohne weitere Anmerkung.

ren: allein wenn es so kömmt, wenn Cüstine mit dem Verkauf der Güter nicht Wort halten kann, was bleibt denjenigen für eine Hoffnung, die seine Scheine in Händen haben? — Keine! Ihr habt die Freiheit angenommen, wird es heissen, habt Freiheitsbäume, dreifarbige Bänder und Huthschleifen, rothe Mützen und dergleichen gehabt, ihr habt also für euch selbst gethan, was ihr gethan habt. Um euch die Freiheit zu geben und euch dabei zu erhalten, haben wir unser Blut und unsere Schätze mit einer beispiellosen Großmuth verschwendet — wenn jemand eine Entschädigung begehren kann; so sind es am Ende noch die Franzosen.

Man hat den Kunstgriff bemerket, dessen sich die erste Nationalversammlung bediente, um der Revolution Anhänger zu verschaffen. Sie schuf Papiergeld, die berufenen Assignaten, denen die Staats= und geistlichen Güter zum Unterpfande gegeben wurden. Wer nicht in Gefahr kommen wollte, nach Verlauf einiger Zeit einen großen Theil seines Vermögens in unwerthes Papier verwandelt zu sehen, wie es zur Zeit des Regenten mit den Bankzetteln des berüchtigten Ritters Law gegangen war, der mußte der Revolution anhängen, damit nicht diese Güter wie-

derum an ihre vorigen Besitzer zurückfielen. Eben
dieses Spiel beginnet nun auch in Deutschland
gespielet zu werden. Wer solche Lieferscheine
hat, der muß wünschen, daß die Franzosen im
Lande bleiben, und daß es mit dem Verkauf
der geistlichen Güter zur Wirklichkeit komme:
so ungerecht ihm dieser Verkauf scheinen mag; so
wird er ihn doch dem Verluste seines eigenen Vermögens vorziehen.

So wenig ich glaube, daß die Franzosen ihre
Absicht erreichen werden; eben so wenig zweifle
ich mehr, daß sie sich wirklich als Herren dieser
Länder ansehen. Wenn sie bei alle dem immer
noch behaupten, sie seien gekommen um Deutschland frei zu machen; so ist das blos ein Kompliment, das sie sich selber machen, und das wiederum nichts heisset. Auch Alexander der Große
machte seinen Soldaten vor der Schlacht bei Ar-
bela das Kompliment, daß sie die Befreier
Asiens wären, indem er den König der Perser
vom Throne stieß und sich darauf setzte. Die gepriesene Freiheit, und Unabhängigkeit, womit
die Franzosen das deutsche Volk zu locken suchen,
besteht blos in einem Wortspiel: Wir geben
Euch die Freiheit, heisset weiter nichts anders,
als, wir geben Euch unsere Gesetze, welche die

Gesetze eines freien Volks sind. Wenn es für alle Völker der Welt ein Glück wäre, frei zu seyn; so wäre es für die ganze Welt ein Unglück, daß die Franzosen, welche sich damit brüsten, daß sie die Welt frei machen wollen, es damit anfangen, allen Nationen gerade ihre Freiheit aufzubringen, und daß sie voraus erklären, gar keine Art von Modifikation zulassen zu wollen. Diese Erklärung ist wirklich da: alle Völker sollen das Dekret vom 15ten December ohne Ausnahm und Einschränkung annehmen. *) Die Philosophen, besonders die französischen, machen

es

---

*) Man weiß, daß dieses Verfahren anfänglich nicht im Plane der Franzosen lag: aber da diese Nation nur immer in den Tag hinein arbeitet und von beständiger Veränderung der Umstände abhängt; so fand sie sich auch hier gewissermaßen gezwungen, von ihrem ersten Grundsatze abzugehen. Dúmourier, der in Flandern kommandirte, war in Verdacht gekommen, in diesem Lande eine aristokratische Republik zu errichten und sich zum Oberhaupte davon machen zu wollen. Um dieses zu hindern, wollte man alles mit Frankreich vereinigen, was sich je damit vereinigen ließ: nämlich alles was am linken Ufer des Rheins lieget.

es der christlichen Religion zum Vorwurfe, daß sie so ausschließend ist und keine andere Religion neben sich dulden will: es ist dahero sehr auffallend, daß ein ganzes Kollegium französischer Philosophen im politischen Fache denselben Vorwurf sich zuziehen konnte. Man hat gesaget, die französische Verfassung überhaupt sei ein Werk des Pöbels und der Philosophen: es bleibt nur noch zu untersuchen übrig, ob jener das Sprachrohr der Philosophen, oder diese das Organ des Pöbels waren. Wenn hie und da der Pöbel der Versammlung ein Gesetz abzuzwingen schien, so weiß man, daß er durch den Klub der Jakobiner inspiriret war, und im Klub der Jakobiner saßen die Häupter der Nationalversammlung. Im Ganzen hat diese Verfassung blos den Schein der Philosophie, unter welchem das Werk der niedrigsten Leidenschaften verborgen lieget. Mirabeau wollte sich am Hofe, und an dem Adel rächen: er verachtete die Geistlichkeit, und wollte sie vertilgen. Seine Rache würde dem Ehrgeiz und der Habsucht zuletzt Platz gemacht haben: er fieng schon an, sich mit dem Hofe auszusöhnen. Andere, die dabei ihre Rechnung nicht fanden, schafften ihn aus der Welt. Was Mirabeau aus Nebenabsichten gemacht hatte, wurde nun von mittelmäßigen Köpfen für ein Meister=

stück des Genies angesehen und im ganzen Ernste dafür angenommen. Sie waren zu weit in den Irrgarten geführt worden, und Theseus, der den Leitfaden gehabt hatte, war nicht mehr: man arbeitete sich also, um mich der Worte eines berühmten Geschichtschreibers zu bedienen, immer tiefer in den Unsinn hinein.

Wenn jeder rechtschaffene Mann, der diesen Jammer ansieht, selbst die französische Nation bedauert, wie viel mehr muß er ihre Nachbarn bedauern, welche in Gefahr sind, mit in diesen Greuel der Verwüstung hineingezogen zu werden, Unterthanen eines Volkes zu seyn, das weder Gesetze, noch Sitten, noch Religion hat? Ich sage aus gutem Grunde, Unterthanen: denn was wird es die Deutschen nützen, einige Deputirte in dem Nationalkonvent zu Paris zu haben, wo sie sich an der Zahl höchstens wie Eins zu Hundert verhalten? Ein Mann der sein Leben damit zugebracht hat, gründliche, bei Verwaltung eines ansehnlichen Amtes unentbehrliche Kenntnisse zu erwerben, besitzet selten eine fremde Sprache in dem Grade der Vollkommenheit, daß er unter so viel geläufigen Zungen und oberflächlichen Köpfen, mitten im Tumult des pariser Pöbels auf den Tribunen, seinen Gedanken

Kraft verschaffen könnte, in einer Versammlung, wo die Mehrheit der Stimmen alles entscheidet, und wo die Mehrheit der Stimmgeber den Redner kaum versteht. Herrschen ist der Hauptzweck der Franzosen: sie lieben die Freiheit, sagt der ehemalige Finanzminister Necker in seinem Buche von der vollziehenden Macht, aber um andern gebiethen zu können: sie sprechen mit Inbrunst von dem Gesetze, aber um es andern vorzuschreiben, nicht um ihm selbst zu gehorchen: sie wollen eine Republik, aber sie soll so groß als die ganze Welt, und, setze ich hinzu, Frankreich der Mittelpunkt davon seyn.

Es muß wohl wahr seyn, was dieser große Mann behauptet; denn nur auf diese Art läßt sich das Betragen der Franzosen erklären. Welches Recht haben sie sonst, die Güter der Reichsstände und der Geistlichkeit für ein Eigenthum der französischen Republik anzusehen, als das Recht des Stärkern? Wenn ausser dem mit diesen Gütern eine Veränderung vorgehen soll; so muß es selbst nach französischen Grundsätzen einzig und allein durch die Deutschen geschehen, ohne daß die Franzosen sich im geringsten darein mischen: es wäre dann, daß jene zuvor erkläret hätten, wie Savoyen ein französisches Departement, und mit den Neufranken ein Volk seyn zu wollen. Denn nach französischen Grundsätzen sind die geistlichen Güter ein Eigenthum der Nation in deren Gebiethe sie liegen. Ob dieser Grundsatz ganz richtig ist, will ich nicht untersuchen: jedoch dünket mir, es sei Wahrheit daran, und die Franzosen haben blos in der Anwendung gefehlet. Mehrere deutsche Fürsten (von den Zeiten der Reformation will ich gar nicht reden) haben vor kurzem einige Klöster aufgehoben und die eingezogenen Güter zu anderm Gebrauche verwendet: so machten es Kaiser Joseph II. und der jetzt regierende Kurfürst von Mainz. Dieses konnten sie nur in Kraft der ihnen zustehenden Souveränetätsrechte oder Landesoberherrlichkeit thun: nun ist die Souveränetät, nach der Lehre des neuen preussischen Gesetzbuches, welches unter den Augen eines unumschränkten Königs verfasset worden ist, von dem Volke auf den Fürsten übertragen worden; ursprünglich hatte also das Volk die Rechte, die nun der Fürst ausübet, und dieser übet sie aus im Namen des Volkes. Nachdem die Franzosen erkläret hatten, daß Frankreich eine Monarchie sei und das Recht der Thronbesitzung allezeit auf dem Erstgebohrnen vom Hause Bourbon hafte; so mußten sie es bei der Erklärung, daß die geistlichen Güter ein Eigenthum der Nation seien, bewenden lassen, und dem Könige heimstellen, in wie fern er's zum Besten des Staates nützlich oder nothwendig finden würde, von diesem Staatsgesetze Gebrauch zu machen. Ferner, wenn diese Güter ein Eigenthum der Nation sind; so hatten diejenigen, welche im Besitze und Genusse davon waren, mit der Nation, oder welches einerlei ist, im Namen der Nation mit dem Könige kontrahirt: dieser Genuß und Besitz war ihnen auf ihre ganze Lebenszeit versichert worden und man mußte ihnen Wort halten; weder der König noch die Nation konnten also mit Recht mehr thun, als die Nutznießer aussterben zu lassen und ihre Plätze nimmer zu besetzen.

— — — Si quid novisti rectius istis,
Candidus imperti; si non, his utere mecum.

Was das Benehmen der Franzosen in Ansehung der Geistlichkeit und ihrer Güter ganz unbegreiflich, und das Maas der Ungerechtigkeit voll machet, ist, daß die Stifter und Klöster in Worms und Speyer schon mit entsetzlichen Brandschatzungen hergenommen worden sind, folglich das Recht, im ruhigen Besitze ihrer Güter zu bleiben, theuer genug gekaufet haben. Sie waren, so bald man ihre Güter angriff, berechtiget, die Brandschatzung zurück zu fodern, und, wie man saget, thaten sie es auch: allein der General Cüstine soll ihnen geantwortet haben, daß er sich die Freiheit nehme, nicht darauf zu antworten. In der That hatte er Recht, sich diese Freiheit zu nehmen: denn er konnte nichts antworten, er mußte denn sagen, daß einem Räuber alles erlaubet sei. Wenn Cüstine die deutsche Nation zuvor darum befraget, wenn er ihre Entschliessung abgewartet hätte, wie es mit Staatsgütern sollte gehalten werden; so wäre er wenigstens nach den Grundsätzen seiner Nation gerechtfertiget: allein da er aus eigener Machtvollkommenheit, die er sich anmaßte, that, was ihm nur immer einfiel, und sich weder um den Beifall noch um den Widerspruch der Nation im geringsten bekümmerte; so kann man nicht anders glauben, als daß er dieses Volk mit der äussersten Verachtung ansah und behandelte. Es ist den Franzosen von jeher eigen gewesen, alles zu verachten, was nicht Franzose war: der unzeitige republikanische Stolz und der Ruhm, den sie sich jetzo zueignen, Reformatoren der Welt zu seyn: muß sie nothwendig in ihrem Eigendünkel bestärken. Unterdessen ist doch überall, wenn uns die Nachrichten nicht betrügen, mit etwas mehr Ordnung verfahren worden, als am Rheinstrome. Ob dieser Unterschied seinen Grund in dem Charakter des Generals, oder in der Meinung habe, die er und seine Landsleute überhaupt von den Deutschen hegen, das weiß ich nicht bestimmt anzugeben: vielleicht trägt beides dazu bei.

Der Charakter der Deutschen überhaupt ist seit der Reformation ausserordentlich verstaltet. Die unseligen Kriege, welche über hundert Jahre fast in einem fortwährten, nicht von Land zu Land, sondern von Stadt zu Stadt, von Dorf zu Dorf, von Haus zu Haus geführet wurden, und sich nicht eher endigten, als bis halb Deutschland eine Wüstenei war, haben dieses Land erstlich in zwo Hälften getheilt, deren Bestandtheile wiederum nicht durch ihre geographische Lage, sondern durch Meinungen zusammen hiengen. Der westphälische Friede, der den Ständen Deutschlands eine besondere Selbstständigkeit und beinahe gänzliche Unabhängigkeit vom Reichsoberhaupte verschaffet hatte, legte den Grund zur Auflösung der politischen Bande, wodurch die Glieder des Reichskörpers unter sich mit dem Kaiser zusammen hiengen. Nach dem Laufe der

Natur, die im Moralischen wie im Physischen einerlei Gang hat, mußte diese Auflösung sehr schnell gehen: allein die Vorurtheile der Religion hielten wenigstens eine und die andere Hälfte noch in einer Art von Zusammenhang und gemeinsamen Interesse's. Nun aber, da die religiösen Vorurtheile selbst nur noch einen politischen Werth haben, ist der Zusammenhang der deutschen Reichsstände weiter nichts anders mehr, als das Resultat ihres wechselseitigen besondern Interesse's; und da das Volk wenig oder gar keinen Theil an dem Interesse ihrer Regenten hat; so ist es auch ausser Verbindung gekommen und jeder große oder kleine Theil desselben egoistisch geworden. Die verschiedenen Völker Deutschlandes, die Schwaben, Franken, Sachsen u. s. f. haben, im Ganzen genommen, mehr oder weniger eigenen Charakter, je nachdem ihre Bestandtheile mehr oder weniger Zusammenhang unter sich haben. Keines der deutschen Völker hat weniger Charakter, als die Rheinländer: großer Laster eben so unfähig als großer Tugenden, mit keiner hervorstechenden Leidenschaft begabt, scheint ihr größtes Glück zu seyn, einen weisen Regenten zu haben, der ihre Schwäche und ihren Leichtsinn durch gute Gesetze leitet. Ob diese Uneigenheit der Rheinländer eine Wirkung des Klima's, unter dem sie

wohnen, oder irgend einer andern Ursache sei,
will ich nicht entscheiden. Die Luft ist etwas
schlaff und fieberhaft, die Erdgewächse ohne besondere
Kraft, und selbst die besten Weine des
Landes, wegen ihrer unbezwinglichen Säure nicht
von einer Eigenschaft, die viel Schnellkraft geben
kann. Zu diesen physischen Ursachen gesellen sich
einige moralische, die der Bildung eines Nationalcharakters
eben nicht günstig sind. Der mäßige
Strich Landes, welcher zwischen dem Rhein
und der Mosel lieget, und etwa dreihundert
Quadratmeilen hält, ist, die Reichsritterschaft
ungezählt, in mehr als zwanzig Herrschaften
und Staaten vertheilt, welche alle mit Ausnahme
der zwo Reichsstädte Worms und Speyer unumschränkt
beherrschet werden. Diese Staaten durchkreutzen
sich dergestalt, daß man nur selten vier
oder fünf Stunden Wegs machen kann, ohne
mehrerlei Gebiethe zu betreten. Die kleinen Landstädte
und Dörfer, welche aneinander stoßen, sind
also einander fremd, und anstatt ein gemeinsames
Interesse zu haben, trennet sie immer Eifersucht
und stille Feindschaft von einander. Wenn
große Nationen sich mit erhabenem Stolze ansehen,
und ihre Volksangelegenheiten durch furchtbare
Heere zu schlichten drohen; so bleibt diesen
Ameishäufchen nichts übrig als elende Neckereien

de glande legenda, welche der Dorfschulz in Ordnung bringt, oder Etikets- und Jurisdiktionsstreitigkeiten, die mit der Feder ausgefochten werden. Dieses vermehret, wie man leicht denken kann, die Prozesse ins Unendliche: Herrn und Unterthanen stecken beständig bis über die Ohren darinnen, und ehe einer ausgehen kann, sind schon zwanzig andere am Kammergerichte oder beim Reichshofrath. Auch das gemeine Volk unter sich ist sehr zänkisch und prozeßsüchtig: daher die Obrigkeiten in großer Menge sind, und beständig die Hände voll zu thun haben. Nicht einmal ein gemeiner Landsname, als Schwabe, Franke u. dergl. erinnert den Rheinländer, daß er mit seinem Nachbar zu einem Volke gehöre: er weiß, daß er seines Herrn leibeigener Unterthan ist, weiter denkt er nicht. Die Verschiedenheit der Religionen, wovon die eine hier, die andere dort herrschet, oder herrschen will, vermehrt noch die Gegenstände armseliger Streitigkeiten. Wenn ein Volk sich immer mit kleinen Vorwürfen abgeben muß, wann es in einer moralischen Unmöglichkeit lebt, jemals einen großen Gedanken zu haben; so ist es kein Wunder, wenn seine Charakteristik so klein und schwach ausfällt, daß man sie kaum bemerket.

Die Pfalz als das größte der Länder am Rhein, sollte zwar eben dieserwegen eine Ausnahme von der Regel machen: allein dieses Land hat seine eigenen Gebrechen im politischen Betracht. Außer der reformirten Geistlichkeit hat es keine Mittelmacht zwischen dem Fürsten und dem Volke. Die Gegenstände dieses schwachen Landstandes, wenn ich ihn so nennen darf, schränken sich auf reformirte Kirchendisciplin, die Verwaltung der geistlichen Güter und Besetzung geistlicher Stellen ein: anstatt also, daß sein Daseyn von einer vortheilhaften Wirkung für den Nationalcharakter seyn sollte, trägt er nicht wenig bei ihn zu degradieren; indem er durch seine elenden Zänkereien mit den übrigen Religionspartheien und dem Landesherrn selbst nur die Menge der Armseligkeit vermehret, und die verschiedenen Religionspartheien in beständigem Mistrauen und in einer stillen Feindschaft unterhält. Diese Zänkereien haben niemals das Wohl des Staats, welches die Geistlichen von jeher sehr wohl vom ihrigen zu unterscheiden wußten, sondern allezeit den Vortheil einer oder der andern Sekte, oft auch das Privatinteresse eines Individuums zum Gegenstande. Es wird des Bücherschreibens kein Ende über den Zustand der protestantischen Kirche in der Pfalz und über ihre Beschwerden gegen die

Regierung. Ein anderes Uebel, dessen Wirkungen die Pfalz noch lange fühlen wird, waren die öftern Religionsveränderungen der Regenten, welche allezeit alles was nicht ihrer Meinung seyn wollte, geradezu zum Lande hinaus jagten und die Plätze mit Fremdlingen besetzten, die ihrer Religion zugethan waren. Auf solche Art verlor der Staat die alten Familien, welche Vaterlandsliebe hatten, und bekam dafür Ausländer, welche nicht am Lande, sondern an einträglichen Aemtern hiengen, die sie wieder verlieren mußten, wenn der Nachfolger ihres Wohlthäters einer andern Religion war. Das Wegjagen aus dem Lande hatte zwar mit dem Anfang der katholischen Regentenlinie ein Ende: allein da hingegen außer blos geistlichen Stellen alle Aemter mit Katholiken besetzet zu werden anfiengen, unter denen im Lande, wegen ihrer geringen Anzahl keine große Auswahl Statt hatte; so mußten nothwendiger Weise abermals fremde in großer Menge ins Land gezogen werden, und einheimische ihr Glück anderwärts suchen. Auf solche Art wurde das Land mit lauter Egoisten überschwemmet, die alle nach Aemter geitzten, die sie fast durchgehends mit großen Summen kaufen und sich dann durch allerhand Mittel schadlos zu halten trachten. Egoismus, Titel- und

Amtssucht sind die hervorstechenden Züge des Charakters der Pfälzer. Man muß etwas seyn, sagen Leute, die von selbst nichts sind. Dieses ausserordentliche Bestreben nach Titeln ist die Stimme der innern Ueberzeugung von persönlichem Unwerth; es ist aber beinahe in ganz Deutschland allgemein. Der jetztregierende Kurfürst hat mit dem besten Willen an Emporbringung seines Landes gearbeitet. Während er die Schulden seiner Vorfahren bezahlte, fand er noch Mittel, seine Hauptstadt zu verschönern. Er rufte Künste und Wissenschaften aus fremden Ländern, stiftete Akademien, legte Bibliotheken und Naturalienkabinete an, und verschaffte dadurch seinen Unterthanen Mittel, sich zu bilden. Allein es hat ihm nicht gelungen, seinen Zweck zu erreichen. Alle Monumente, die dieser Fürst errichtet hat, sind Werke der Ausländer, alle Künstler, die noch leben und einen Namen haben, sind Ausländer, die größtentheils von den Guttaten des Kurfürsten leben, und mit denen auch Kunst und Geschmack im Lande aussterben werden, da die Residenz des Kurfürsten nach München verlegt worden, und nimmer zu erwarten ist, daß ihr Abgang auf Kosten des Landesherrn wiederum aus der Fremde werde ersetzet werden. Daß sie in der Pfalz selbst nachwachsen werden, ist gar nicht zu hoffen: Præter laudem nullius avarus ist in diesem Lande ein hirco cervus; hæc est aerugo mera. Es giebt zwar Mittel, diesem Lande aufzuhelfen und es zur Würde emporzuheben, wozu es die Natur bestimmt zu haben scheint: allein sie werden alle fehlschlagen, so lange nicht der hohe und niedere Reichsadel, der darinn begütert ist, landsäßig gemacht wird. Dann erst können die ersten Aemter des Staates mit Innländern besetzet werden, da sie es jetzo mit Fremden sind: denn ein Reichsritter, wenn er auch sein Gütchen unter den Mauern von Mannheim hat, ist in der Kurpfalz fremd. Er nimmt ein Amt an, weil er gut dafür bezahlet wird: er ist stolz darauf es zu haben, nicht weil er glaubt, das Amt ehre ihn, sondern weil er sich überredet, dem Amte und dem Fürsten, der es ihm gegeben hat, Ehre zu machen. Als ein Simulacrum eines Reichsstandes, das er zu seyn wähnet, jalousiret er mit seinem eigenen Herrn, und wenn das Wohl des Staates, der ihn bezahlt, seinem eigenen Interesse nicht gerade zuwider ist, welches oft der Fall ist, so hat er wenigstens keine Ursache jenes zu befördern, weil er nichts dabei zu gewinnen hat. Eine Verrätherei selbst kann ihm nur nüzen, weil sie gewöhnlich gut bezahlet wird; nie-

mals schaden, wenn sie auch das Verderben des
Landes zur Folge hätte. Gegen die Unterthanen
seines Herrn ist er stolz, weil er sie nicht als
seine Mitbürger ansehen kann, indem er selbst
dergleichen als Leibeigene unter seiner Herrschaft
hat. Ein Fürst muß Minister haben, und das
Vorurtheil will, daß es Edelleute seien: wenn
er also dergleichen Leute nicht in seinem Lande
hat, wie in der Pfalz keine sind; so kann man
sich vorstellen, wie weit er mit dem besten Willen kömmt.

Die hochstiftischen Länder sind in diesem Stük-
ke noch weit schlimmer daran, da nicht nur die
ersten Aemter des Staates, sondern der Fürsten-
stuhl selbst mit lauter Reichsrittern besetzet werden. Wenn in einem erblichen Fürstenthume
auch ein fremder Edelmann, wo nicht an das
Land, doch an den Fürsten eine gewisse Anhänglichkeit gewinnet, weil dieser jung ist und ein
langes Leben verspricht, oder weil sein Nachfolger zugleich sein Sohn ist und hoffen läßt, daß
er die Verdienste belohnen werde, die ein Mann
sich bei seinem Vater gemacht hat; so fällt dieses
alles in einem geistlichen Staate weg, wo der
Nachfolger mit dem Vorfahren gar nichts gemein
hat, und wo es oft bei jenem ein Verdienst ist,

diesem mißfallen zu haben. Ein Regent darf
kein Egoist seyn, und die Geistlichen sind es überhaupt, zumal wenn sie ein gewisses Alter erreicht haben, wo das Gefühl der edelsten Leidenschaft, der Liebe, stumpfer, und nicht durch
Vaterliebe, sondern durch Habsucht und Ehrgeitz
ersetzet wird. In diesem Falle sind beinahe alle
Bischöfe, schon wenn sie es werden: sie sind zu
sehr von dem Glücke, Fürst zu seyn, wornach sie
lange geseufzet haben, erfüllt, als daß sie sich
mit was andern als mit sich selbsten beschäftigen könnten. Dieses alles lieget in der Natur.
Zeiget nun der Fürst wenig oder gar keine Liebe
für sein Volk, so wäre es ein Wunder, wenn
dieses den Fürsten liebte.

Miraris, quum tu nummis post omnia
ponas,
Si nemo præstet, quem non merearis
amorem?

Die Unterthanen geistlicher Staaten leben dahero überhaupt (es giebt Ausnahmen von der
Regel) in beständiger Hoffnung des Wechsels,
an den sie schon gewöhnt sind. Da immer nur
sehr wenige Menschen mit ihrem Schicksale zufrieden sind; so hoffet jeder bei einem neuen
Fürsten sein Glück besser zu machen. Man sieht
dahero

dahero dem Ende eines Regenten jedesmal mit Ungeduld entgegen. Diesem Schicksale sind die Kurfürsten von Mainz mehr als irgend ein geistlicher Regent ausgesetzet: sie wären Muster von guten Fürsten; so haben sie doch in den Augen ihrer Unterthanen alle Fehler, wenn sie lange regieren. Die Zahl der Regierungsjahre eines Kurfürsten von Mainz bestimmet das Maas der Ergebenheit und Liebe, mit welchem sein Nachfolger aufgenommen wird, in gradem Verhältnisse.

Dixit adhuc aliquid? Nil sane! Quid placet ergo?
Exspectata diu novitas.

Wenn der jetzige Kurfürst seinem bereits erwählten Nachfolger, dem Koadjutor von Dalberg, vor dem Ausbruche des Krieges Platz gemacht hätte; so würden die Franzosen bei weitem nicht so viele Anhänger gefunden haben, als sie deren wirklich fanden. Denn in dem Mainzer Klub ward des H. v. Dalberg immer mit Glimpf, oft mit Hochachtung gedacht, während die auffallendsten Schmähungen das Loos des Kurfürsten waren. Dieses giebt einen zweifachen Beweis von ihrem Leichtsinne: denn eines Theils erheischte das hohe Alter des Kurfürsten nur noch eine

Ites Heft.   G

kurze Geduld; andern Theils ist auch der Koadjutor nimmer jung und sein Nachfolger noch unbekannt.

Ich bin weit entfernet, ein Volk zu tadeln, welches, aus Ueberzeugung seine Sache zu verbessern, eine Veränderung in der Regierungsform wünschet oder annimmt; denn das Glück der Menschen ist der erste Zweck des gesellschaftlichen Lebens; wenn aber Haß oder Liebe für einzelne Personen, wenn Partheisucht die Triebfedern seiner Handlungen sind, wie es in Mainz, Speyer und Worms wirklich war; dann, glaube ich, wird kein vernünftiger Mensch ihm seinen Beifall geben. Ich will nicht untersuchen, in wie fern diese drei Völkerschaften Ursache hatten, eine solche Veränderung zu wünschen; daß es geistliche und reichsstädtische Regierungen waren, erzeuget voraus kein günstiges Vorurtheil: allein in gegenwärtigem Falle war nur die Frage, ob sie eine Veränderung annehmen sollen, welche ihnen die Franzosen mit Heeresmacht aufzudringen drohen, und die Ausnahme dieser angebothenen Veränderung mit Bruderliebe, die Ausschlagung hingegen mit Feindseligkeit zu vergelten beschlossen haben? Beim Einfall der Franzosen in diesem Theil Deutschlandes war weit und breit keine

Hülfe zu sehen. Dieser Strich Landes war gegen seiner politischen Verfassung und wegen der fortdauernden Unthätigkeit des pfälzischen Kriegsvolkes ausser aller Möglichkeit, den geringsten Widerstand zu leisten: was war also vernünftiger, als daß seine Bewohner, wenn sie auch die französische Verfassung nicht nach ihrem Geschmacke fanden, zwischen zwei Uebeln das geringste wählten; besonders da ihre Wahl auf die künftigen Ereignisse nicht den geringsten Einfluß haben kann, sondern wie eine Nulle vor der Ziffer anzusehen ist. Was lieget dem Kurfürsten daran, konnten die Mainzer sagen, ob wir einen Augenblick scheinen seine Unterthanen seyn zu wollen, oder nicht? Er hat uns ja das erstemal, als er unser Herr ward, nicht darum gefraget: seine Sache ist also in nichts verschlimmert, wenn er wieder zu uns kömmt. Im Gegentheil, da wir seine Heerde sind, so muß er wünschen, daß wir auf unsere Selbsterhaltung bedacht seyn, nachdem er ausser Stand gekommen ist, zu unserer Erhaltung etwas beitragen zu können. Wenn die Klubsredner sonst nichts geprediget hätten; so sehe ich nicht, wie man sie sträflich finden könnte. Einige sagten das Nämliche: Metternich gieng so weit, daß er diejenigen für Volksfeinde erklärte, welche von Einführung einer neuen Konstitution in Mainz sprechen würden, ehe die Franzosen den festen Entschluß gefasset hätten, das ganze Land zwischen der Mosel und dem Rhein vom Reiche abzureissen. Dieser Redner hätte nur noch dazu setzen sollen, daß es für die Mainzer unanständig wäre, diesen Entschluß laut zu verlangen, und daß es im geringsten nicht von ihnen abhänge, dessen Ausführung zu befördern oder sie zu hindern, sondern daß sie an das Glücksrad fremder Waffen angeschmiedet mit demselben vorwärts oder rückwärts geschleppet würden. —

Ducimur ut nervis alienis mobile lignum.

Daß sie aber viel weniger dabei zu leiden haben würden, wenn sie gutwillig neben herliefen, als wenn sie sich mit Gewalt fortziehen liessen Galli volentes ducunt, nolentes trahunt.

Anstatt vernünftiger und gemäßigter Belehrung geriethen Uebelgesinnte auf ganz andere Wege: sie schimpften auf Fürsten, Minister, Adel und Geistlichkeit, kurz, auf alles was in den Augen des Volkes verehrungswürdig war und wovor die Redner selbst noch ein paar Tage zuvor die Knie gebeuget hatten. Man verwirrte dem Volke den Kopf mit Souveränetätsrechten, wovon es eben so wenig einen Begriff hatte, als es fähig war, Gebrauch davon zu machen. Das Volk ward schamroth über dergleichen Geschwätze, und anstatt dadurch einen Eckel an der alten Verfassung zu bekommen, bekam es ihn an der neuen. Viele wollten eben darum von keiner Neuerung mehr hören, weil es das Ansehen gewann, als wäre sie ihr eigen Werk: sie hätten sich gleich anfänglich lieber zwingen lassen. Wenn den Fürsten Deutschlands an den äusserlichen Zeichen des Gehorsams und der Ergebenheit ihrer Unterthanen etwas gelegen ist, wie ich gar nicht zweifle, so haben sie es ihren Feinden zu danken, daß jene nun schon nach der Rückkehr ihrer alten Herren seufzen. Die Aufführung der Klubisten, das harte, oft, sehr oft ungerechte Verfahren Cüstine's, die Plage, die man mit den Franzosen überhaupt hat, haben die Gemüther ganz umgestimmt. Zudem ist die Sache schon zu lange angestanden: man hat sich von dem ersten Taumel erholt, da man Zeit hatte, sich zu besinnen, und die Sache zu sehen, wie sie ist. Die Hoffnung, der Franzosen bald wieder los zu seyn, beginnt von neuem durch die ernstlichen Maasregeln der zween großen Monarchen Deutschlands, dem Unheil zu steuern.

Je größer bei dieser Lage der Sachen die Verlegenheit der Gallomanen und der Franzosen selbst täglich werden muß, desto mehr beeifern sie sich, ihrem lockern Gebäude Festigkeit zu geben: aber immer nach ihrer Art. Am 14. Jänner wurde in Mainz abermals ein neuer Freiheitsbaum errichtet, an dessen Aufstellung selbst die Kommissäre und General Cüstine thätigen Antheil nahmen; indem Bürger Merlin, der rauhen Witterung ungeachtet, unter freiem Himmel eine Rede an das Volk hielt, und Cüstine eine Rolle Papiers, worauf alle Ehrenzeichen hoher und niederer Herrschaften, Kronen, Scepter, Ordensbänder, ꝛc. gemalet waren, ins Feuer warf, und dann die Asche vergrub: Adieu, Weltlichkeiten! Es lieget, oder vielmehr es lag in Mainz ein ungeheurer Stein, den ein alter Kurfürst, (so ist die Sage) welcher den Mainzern ihre alten Rechte genommen hatte, mit der unerfüllbaren Prophezeihung hatte legen lassen, daß die Stadt Mainz ihre Freiheit wieder erlangen sollte, wenn dieser Stein zerschmelzen würde. Die Franzosen machten es mit diesem Steine, wie Alexander mit dem Knoten, den der König Gordius an seinen Wagen gebunden hatte — sie zerschlugen ihn zu Staub. Oraculi sortem vel eluserunt, vel impleverunt. Bei solchen Feierlichkeiten, als die Errichtung der Freiheitsbäume ist, mag es wohl in den Städten lustiger hergehen, als auf dem Lande, weil es dort mehr Maulaffen und müssig Volk giebt, als hier: der große Zusammenlauf ist aber eben kein Beweis besondern Wohlgefallens an der Sache selbst. Auf den Dörfern macht die Ankündigung dieser Feierlichkeit hier und da einen widrigen Eindruck: denn öfters entlaufen die guten Leute haufenweise, und die Dörfer stehen leer, wenn dieser hölzerne König mit der Kappe von rothem Wachstuch seinen Einzug hält.

Cachons nous, c'est le Roi.

Dieses geschieht offenbar aus Mangel an gründlichem Unterricht von der Sache. Guten Leute! laufet nicht davon, das Ding thut Euch kein Leid: ihr werdet nach und nach schon bekannter damit werden. Es geht Euch wie den Fröschen in der Fabel mit dem Blocke, den Jupiter ihnen zum Könige gab: zuerst verkrochen sie sich davor; endlich wurden sie so vertraut damit, daß sie darauf herumhüpften und ihn besudelten. Sollen doch die Dirmsteiner den ihrigen schon in die Bezzenkammer gestecket haben. Bleibt immer da, tanzet und singet, wählet Eure Obrigkeit, und thut in Gottes Namen, was die Franken verlangen; denn ihr könnet es nicht ändern. Sie meinen's auch nicht so böse: es sind lustige Leute, Tanzen und Singen ist ihr Element. Dabei gebt nur fleißig auf Eure Weiber und Töchter Acht, wenn sie hübsch sind. In Eurer kleinen Staatseinrichtung thut keinen Schritt weiter, als es Euch befohlen wird; führet dabei Eure Haushaltung so gut fort, als es Euch die Umstände erlauben; seid hübsch wohlgezogen, und schimpfet nicht auf Eure alten Vorgesetzten. Macht Ihr's so, wie ich es Euch rathe, so werdet Ihr nichts zu bereuen haben, wenn Ihr wieder werdet, was ihr vor Kurzem gewesen seid; und wenn Ihr so bleiben solltet, wie ihr jetzo seid, so würden selbst die Franzosen Euch das Lob wohlgezogener braver Leute geben: Ihr könnet also in allem Betracht nichts bei der Sache verlieren. *)

---

*) Als ich dieses schrieb, stellte ich mir es nicht als möglich vor, daß Jemand wegen dergleichen Warnungen und Unterricht in die Inquisition verfallen könnte. Zum Glücke habe ich's beim Schreiben bewenden lassen. Ich sage: zum Glücke; denn daß ich's nicht mündlich that, habe ich nicht meiner Klugheit, sondern dem Schicksale zu verdanken, das mich von allen

Allein meine Warnung kömmt allem Ansehen nach zu spät: Die Preussen, Oesterreicher und Hessen drängen sich gewaltig, mit langsamen, aber wie es scheint, wohl vereinbarten Schritten herbei. Schon sind die ersten über den Hundsrücken nach Kreuzenach vorgedrungen, und haben da die Franzosen zurückgetrieben: die andern ziehen sich um Mannheim am rechten Ufer des Rheins zusammen, und sollen auch, wie man sagt, bei Trier die Mösel passiren, welches bisher noch ziemlich unwahrscheinlich ist. Die

---

Veranlassung es zu thun entfernte. Da ich unterdessen es ohne Scheu schrieb, und zwar mit den Gesinnungen schrieb, die ich sonst habe; so würde ich es bei Gelegenheit auch gesaget haben: Die gute Absicht würde mich aber nicht gerettet haben, da sie andere nicht retten kann. Jezo ist es freilich ein anders: seitdem man sieht, daß die Franzosen mit ihrem Ernste mehr schaden als mit ihrem Spielwerk, würde man das Volk in Gottes Namen mitspielen lassen: aber es ist zu spät: die Franzosen haben ausgespielet, und wollen von Freiheitsbäumen nichts mehr wissen, nachdem sie eingesehen haben, daß es nicht vom Willen kleiner Völkerschaften, sondern vom Glücke der Waffen abhängt, wem sie zugehören sollen.

Hessen, mit Preussen vereinigt, stehen immer noch Mainz und Worms gegenüber, und beschäftigen da die Aufmerksamkeit der Franzosen, so viel möglich ist. Die Klubs werden schüchtern, ihre Versammlungen nehmen an der Zahl der Glieder und der Zuhörer sehr ab: jener von Worms hatte kürzlich das Unglück, daß ihm seine Fahne mit dem rothen Buche gestohlen, und noch obendrein im Heiligthume selbst Unflätigkeit getrieben wurde. Man hat Verdacht, daß französische Soldaten selbst, (von den Linientruppen) welche im Schlosse einquartirt sind, diese Posse gespielt haben. *) Es scheint, als nahe sich diese Komödie ihrem Ende. Seit dem schrecklichen Todesurtheil über den guten und unglücklichen König fängt die französische Armee an, sich zu ent-

---

*) Ich habe seitdem erfahren, daß der Märe v. Winkelmann das Buch selbst bei Seite geschaffet habe, und zwar in der zweifachen Absicht, den Klub dadurch zu zerstreuen (er gieng auch bald darauf ganz ein) und zu verhindern, daß nicht mancher unschuldige Tropf wegen eines unüberlegten Federzuges in Verdrüßlichkeiten käme. Da dieses so frühzeitig geschah, nämlich schon im Monat Jänner 1793; so mußte dieser Mann wohl niemals sehr auf die Dauer der französischen Herrschaft gezählet haben.

zweien. Ich habe schon oben bemerkt, daß die Linientruppen gleich Anfangs viel gemäßigter waren, als die Freiwilligen: der Gedanke, einen König zu haben, war jenen eben so tief ins Herz gegraben, als diesen der Wunsch, selner los zu seyn. So lang der König noch lebte, so lang es noch möglich war, daß er seinen Thron wieder besteigen würde, hoffte der Soldat, mit dieser glücklichen Veränderung das Ende seiner Mühseligkeiten und der Drangsalen zu sehen, worunter sein Vaterland seufzet, ohne daß seine Nation gezwungen wäre, von fremden Mächten Gesetze anzunehmen. In dieser Hoffnung focht er, und trug geduldig die Last des Krieges, die bei solchen Streitgefährten, als die Freiwilligen sind, größtentheils auf ihm liegt. Als ein gemeiner Bürgerssohn wußte er zwar, wie unglücklich diese Menschenklasse unter der vorigen Verfassung war; er wünschte daher eine bessere: allein er war auch versichert, daß Ludwig XVI., anstatt an diesem Unglücke Schuld zu seyn, demselben mit aufrichtigem Herzen ein Ende zu machen wünschte, und daß nur die Mittel, die er angewandt hatte, um diesen Wunsch zu erfüllen, ihn der Wuth seiner Feinde Preis gegeben haben. Die traurige Lage, in welcher sich dieser Fürst befand, gieng ihm zwar sehr zu Herzen: allein er tröstete sich mit der Hoffnung eines glücklichen Ausganges, und blieb im Gehorsam. Wenn man ihm sagte, sein guter König könnte wohl gar hingerichtet werden; so versicherte er tröstlich, daß es nicht geschehen würde. Er konnte den Gedanken einer Verweisung, einer ewigen Gefangenschaft, ja selbst der Ermordung im Aufruhr noch fassen; aber nicht jenen des Todes durch die Hand des Henkers. Von den Offizieren sind die gedienten fast durchgehends königlich gesinnt: diejenigen, welche der Revolution ihre Stellen zu danken haben, sind freilich hier und da anderer Meinung, doch ist es selten, einen sogenannten enragé unter ihnen zu finden.

Der Freiwillige hingegen, welcher sich von allem, was königlich gesinnt ist, gehaßt, und was noch schlimmer ist, verachtet sieht — der, wenn er in Gefangenschaft geräth, eben dieselbe Denkungsart gegen sich bei dem Feinde findet, während die Linientruppen mit Schonung und Achtung behandelt werden — der Freiwillige, sage ich, hat nicht nur, von seiner Entstehung an, die Wuth im Herzen, sondern wird eben dadurch noch mehr erbittert. Der Offizier wußte zum voraus, daß mit der Thronbesteigung des

Königs seine Rolle ein Ende haben würde, und durfte sich keine Hoffnung machen, eine andere zu erlangen, die ihn ernähren könnte. Vielen unter ihnen, die sich durch besondern Eifer für die neue Sache ausgezeichnet hatten, ahndete noch etwas schlimmeres, Verbannung, Verlust ihrer Güter, oder gar der Tod. Die Häupter der demokratischen Parthei hatten dergestalt Verbrechen auf Verbrechen gehäuft, daß nicht die Rückkehr, sondern nur neues Verbrechen sie retten zu können schien. Das Leben des Königs und aller, die ihm anhiengen, war ihnen gefährlich; ihr Tod gewährte ihnen eine minder fürchterliche Aussicht. — Dabei hatten Einige der Republik schon so viel aufgeopfert, daß der Gedanke, keine Republik zu haben, ihnen nothwendig zuwider seyn mußte: andere hatten bei der Verwirrung so viel gewonnen, daß ihnen vor der Rechenschaft graute: fast alle hatten den König und seinen Anhang so sehr beleidigt, daß sie alles, was königlich hieß, nicht anders als hassen konnten. Oderis, quem laeseris. Aus solchen Beweggründen sind die Greuelthaten vom 10. August, vom 2. September vorigen Jahres und vom 21. Jänner dieses Jahrs entstanden: aus eben diesen Beweggründen werden deren leider! noch mehrere entstehen, wovor sich die Natur empört.

Wer nicht Gelegenheit hatte, diese Gesinnungen vor dem Tode Ludwigs zu kennen, der durfte nur nach der Botschaft von seiner Hinrichtung einen Augenblick unter beiderlei Art Leuten seyn, und auf ihren Gesichtern lesen: eine wilde Freude blickte aus den einen, Traurigkeit aus den andern; beide waren auf einen Augenblick ausser Ungewißheit, indem jene ihren Sieg für gewiß hielten, diese ihren Untergang. —

Der vertumnalische Charakter der Franzosen läßt aus dieser entgegengesetzten Stimmung der Gemüther unter ihrer Armee keine sicheren Folgen ziehen. So lang der königliche Prinz noch lebt, (denn gegen die ausgewanderten Brüder des Königs ist die Erbitterung sehr groß, selbst bei den Linientruppen, weil man sie für die Urheber alles Unheils ansieht) so lang, sage ich, dieser Prinz noch lebt, ist für die Linientruppen noch nicht alle Hoffnung verloren: sollte aber auch dieser noch das Opfer der demokratischen Wuth werden, dann hängt es wahrscheinlich vom Glücke der Waffen ab, welche Parthei sie ergreifen werden. Wenn der Feldzug gleich jetzo

eröffnet werden könnte, so würde die Wuth der
Deutschen gegen Leute, die sie als Mitschuldige
des Königsmordes betrachten, und die unent-
schlossene Bestürzung des besten Theils der französischen Armee, gewiß vieles zum Siege der ersten beitragen. Aber je länger es ansteht, desto
schwächer wird der Einfluß dieser Affekten auf
die Handlungen beider Theile, und folglich auf
den Ausgang einer Unternehmung seyn. Wenn
die Franzosen im Anfang dieses Feldzuges einen
entscheidenden Sieg über die Deutschen erfechten;
so ist für die gute Sache unendlich vieles verloren:
geschieht aber das Gegentheil, so ist wahrscheinlich alles gewonnen: denn die Linientruppen
werden nimmer halten. *)

---

*) Diese Vermuthung hat sich zum Theil wirklich
erfüllet: Prinz v. Koburg schlug die Franzosen
ohne große Anstrengung aus den Niederlanden
zurück, und nahm drei Festungen hintereinander
weg, ohne daß nur ein ernstlicher Versuch zum
Entsatze gemacht wurde. Toulon ergab sich,
und die Deutschen hatten vier Monate Zeit,
um Mainz zu belägern, ungeachtet anfänglich
das Beobachtungsheer an der Grenze Frankreichs sehr schwach gewesen war. Aber Zau-
dern und Unentschlossenheit auf einer Seite,

Von kriegerischen Auftritten ist im Monat Jänner, ausser dem Ueberfall bei Hochheim, nichts Bedeutendes vorgefallen. Aber die Rüstungen der Franzosen zum Widerstande sind ungeheuer, so daß man an ihrem Entschlusse, sich in Deutschland zu halten, nicht zweifeln kann. Mainz ist bereits mit einer entsetzlichen Menge Pulvers und schweren Geschützes versehen worden. In der Gegend von Mannheim, am linken Ufer des Rheins, werden fürchterliche Batterien errichtet, welche den Rhein bestreichen, und den Uebergang der Deutschen an diesem Platze hindern sollen. Es scheint also, daß die Franzosen der pfälzischen Neutralität nicht ganz trauen: vermuthlich fürchten sie mehr, daß die verbündeten Mächte aus Ursache des Reichskrieges den Kurfürsten nicht lang um seine Einwilligung fragen, als daß dieser sein Wort zurücknehmen werde. Auf ähnliche Art wird das ganze linke Ufer des Rheins, von Speyer bis Bingen, mit Batterien besetzt, überall Pikete ausgestellt, und so der Krieg vertheidigungsweise den Winter hindurch

---

Mangel an Nachdruck auf der andern und die blutigen Maasregeln des Konventes haben diese Vortheile vereitelt.

durch fortgeführt. — An Mannschaft hat die französische Armee bisher (Ende Jänners) wenig Zuwachs bekommen, und wird, so weit sie auf deutschem Boden steht, zwischen 40000 und 50000 Mann stark seyn, welches in der That in dieser Lage sehr wenig ist, da die Besatzung von Mainz, Kassel und Kostheim einen beträchtlichen Theil davon ausmacht, und dabei ein Strich Landes von ungefähr 30 Stunden besetzt werden muß, so daß eigentlich nirgends, ich will nicht sagen, eine Armee, sondern nur ein ansehnliches Truppenkorps ist. — Man spricht von Verstärkung der Posten am Rhein, da auf der andern Seite die Deutschen sich täglich vermehren. An Fußvolk können die Franzosen sich noch ziemlich vermehren, ohne daß Mangel an Brod seyn wird; aber mit der Vermehrung der Reiterei wird es schwer halten, indem jetzo schon die Razion Heu von 20 Pfund auf 5 herabgesetzt worden. Hieraus läßt sich schließen, daß die Franzosen in diesen Gegenden auf keinen Angriff denken: denn es ist nicht möglich, es ohne starke Reiterei mit den Deutschen aufzunehmen. Es werden aber die Deutschen ihre Ueberlegenheit an Reiterei wohl zu benutzen suchen, und dazu kömmt ihnen die freie Fahrt übern Rhein bei Koblenz und Rheinfels treflich zu statten. Dieses alles läßt nicht zweifeln, daß die Pfalz der Schauplatz des Krieges seyn werde. — Unübersehbares Elend steht dann diesem schönen Lande bevor. Die Franzosen, in deren Vaterlande schon jetzo der Brodmangel einreißt, und die durch ihre unbesonnene Unternehmung auf der Schelde sich die Seemächte zu Feinden gemacht, und die Zufuhr vom Auslande sich selbsten abgeschnitten haben, werden in zahlloser Menge zu den Armeen in Deutschland herausströmen, um der Hungersnoth zu entgehen. In Deutschland werden sie, ihrer Gewohnheit nach, so viel verderben als sie können: die Saat wird, wegen beständiger Beschäftigung des Landmannes beim Kriegsfuhrwesen, schlecht bestellet werden, und so werden Hunger und Seuchen einreissen. Wenn man bedenkt, daß mit einer Armee von etwa 20000 Mann in der Pfalz allem diesem Unheil vorgebogen war; so kann man's den deutschen Fürsten nicht verzeihen, daß sie den Krieg nur auf dem Papiere führen, oder sich ganz davon wegschrauben wollten, ohne sich in eine Verfassung zu sezzen, die ihrer Neutralität Achtung verschaffen, und ihre Unterthanen hätte schützen können. Ich rede hier von Deutschland überhaupt, weil kein Fürst am Rheinstrome Macht genug hat, um ein solches Heer aufzustellen und zu erhalten, und man es den Größern nicht zumuthen kann, daß sie sich ganz allein für die Kleinern aufopfern.

Diese Bemerkung giebt Stoff zum Nachdenken über die Nothwendigkeit, die Verfassung Deutschlands zu verändern, wenn man will, daß es in Kurzem noch ein deutsches Reich gebe. Diese Veränderung, so wie ich sie oben vorgeschlagen, und hier, da ich von der Pfalz redete, berührt habe, würde alsdann unvermeidlich werden, wenn es den Franzosen gelingen sollte, ihrer republikanischen Verfassung Festigkeit zu geben, und ihre Maxime von Verbreitung der Freiheit durchzusetzen. Es läßt sich leicht denken, daß die kleinern Reichsstände, besonders die geistlichen, mit einer solchen Einrichtung nicht sehr zufrieden seyn würden. Allein wenn sie überlegen, daß die Werke der Menschen, so wie ihre Urheber, vergänglich sind, und daß alles nur eine Weile dauern kann; so werden sie sich wohl bescheiden, daß der Zeitpunkt doch einmal kommen müsse, wo die deutsche Reichsverwirrung aufhören wird, da besser geordnete Staaten von großer Macht dem allgemeinen Weltgesetze der Zerstörung und Wiedergeburt unterworfen sind. In diesem Betracht wäre es vortheilhafter für sie, zu ihrer Vereinigung mit größern Staaten selbst die Häude zu bieten, als zu warten, bis eine allgemeine Umwälzung die großen Fürsten der Mühe überheben wird, sie zu fragen. Oesterreich und Preussen, mit einigen großen Häusern Deutschlands, werden es endlich müde werden, ihre Schätze und Armeen aufzuopfern, um die Stände Deutschlands am linken Ufer des Rheins beim Reiche und bei ihrer Unabhängigkeit zu erhalten. Sollten nun diese Länder von einem so mächtigen Nachbar verschlungen werden; so bliebe jenen nichts übrig, als in Deutschland mit Gewalt um sich zu greifen, um theils sich schadlos zu halten, theils durch ihre Vergrößerung das Gleichgewicht herzustellen. Welcher Stand des deutschen Reichs, dem sein Vaterland und sein Name noch lieb sind, wird nicht eher wünschen, eines deutschen Fürsten Unterthan zu seyn, und mit einer Million deutscher Mitbürger unter dem mächtigen Schutze des deutschen Fürstenbundes ruhig zu leben, als in das stürmische Meer der französischen Republik hingerissen zu werden, wovor ihn sein Name nicht schützen kann, wenn er auch aus den Eichwäldern des alten Germaniens herstammete.

Quamvis pontica pinus
Silvae filia nobilis
Jactes et genus et nomen inutile.

Es ist kein Mensch in der Welt, der den Ausgang dieses Krieges, und noch weniger die Folgen der französischen Revolution vorhersehen kann. Die Franzosen können überwunden werden; ich zweifle sogar nicht, daß sie es seyn werden: aber man kann sie nicht eben so leicht unterjochen, noch sich von der Unterwerfung derjenigen Völker versichern, die sie bereits an sich gezogen haben. Wenn man dieses nicht kann; so sind die Aussichten für die Ruhe Europens nicht sehr tröstlich. Diese Nation ist, im Ganzen genommen, nun einmal verdorben, und ihr Bankerot unvermeidlich; es mag beinahe gehen wie es will. Ein Staat, wie Holland, dessen Reichthum in allen vier Welttheilen zerstreuet liegt, und ganz allein auf Handel und Kredit beruhet, würde durch einen Bankerot um seine ganze Existenz kommen: Frankreich hingegen, auf dessen Boden alles, was es zur Noth und zum Vergnügen bedarf, im Ueberflusse wächst, das ohne Handel und auswärtige Besitzungen immer der mächtigste Staat von Europa bleibt, wird durch einen Bankerot seine Kräfte verdoppeln. Die Millionen, welche nun jährlich an Zinsen und Kapitalien an ausländische Gläubiger bezahlt werden müssen, werden zum Unterhalt der Armeen verwendet, oder bleiben in den Händen des arbeitsamen Landmannes, ber, anstatt durch Kunstwerke aller Art die Ueppigkeit und Verschwendung zu befördern, seine Landsleute und die Ausländer mit den ersten Bedürfnissen des Lebens zum Ueberflusse versieht, und dadurch, mehr als alle Gesetze, zur Umbildung seiner Nation beiträgt. Die viele tausend Hände, die schon seit hundert Jahren, mehr zum Schaden als zum Nutzen Frankreichs, sich in den Fabriken beschäftiget haben, werden das Feld bauen, die zahlreichen Wüsteneien in lachende Fluren verwandeln, die Schaaf= und Bienenzucht verbessern, Oel= und Maulbeerbäume pflanzen, kurz, anstatt des verderblichen Luxus ihr Vaterland mit wahrem Reichthum erfüllen. Wer diesen Betrachtungen einige Augenblicke widmet, wir zweifeln, ob die Mächte von Europa ihre Waffen mit allem Nachdruck gegen Frankreich brauchen werden. Der französische Bankerot stürzet ihre eigenen Staaten ins Verderben, und die Folgen davon werden schrecklich seyn. Es ist eine große Frage, ob es noch möglich ist, dem Uebel vorzubeugen: der Krieg ist wenigstens das Mittel nicht dazu, und doch war der Krieg bisher unvermeidlich, da die Franzosen selbst ohne gegründete Ursache den Anfang dazu gemacht haben. Sollte man im Sinne haben, Frankreich zu zertrümmern, um sich schad=

los zu halten? — Dieses wird erstlich den Handelsleuten und Kapitalisten von Europa die Millionen nicht ersetzen, die sie an Zinsen und Kapitalien jährlich aus Frankreich gezogen haben; und zweitens wird es weit schwerer halten, als man vielleicht glaubet. Diese Nation wird das Aeusserste wagen, um sich zu erhalten: selbst die Emigranten werden sich auf was immer für eine Art, wiederum mit ihren Landsleuten auszusöhnen suchen, und lieber nichts, als keine Franzosen seyn wollen. Hiedurch wird freilich das ganze Volk sich erschöpfen und in Armuth gerathen: allein eben dadurch wird es desto fürchterlicher werden

— — — Foecunda virorum
Paupertas.

Wirklich haben's die Franzosen schon ziemlich weit gebracht, sich an Armuth zu gewöhnen. Der Luxus, welcher ehemals bei ihren Armeen herrschte, sticht mit der eingeschränkten Lebensart der jetzigen Generäle und Offiziere sonderbar ab: Kleidung, Bedienung, Tafel, Reisezeug, alles ist so einfach als nur möglich, und fast ganz nach dem strengsten Bedürfnisse abgemessen. Ob dieses aus eigener Wahl, oder aus Nothwendigkeit geschehe, daran ist nicht viel gelegen:

denn wenn sie sich aus eigener Wahl so sehr einschränken, so sind sie schon umgestaltet; thun sie es aus Nothwendigkeit, so werden sie sich durch Gewohnheit umbilden. Unter den Jakobinern ist es Sitte, die Haare abzuschneiden, und diese Sitte breitet sich schon in der Armee aus.

— — Incomtis Curium capillis
Utilem bello tulit et Camillum
Sæva paupertas.

Das Wort, Herr, kömmt ganz ausser Uebung und wird die Benennung, Bürger, dafür eingeführt, die aber unter den Freiwilligen schon weit üblicher ist als unter den Linientruppen, die davor einen Abscheu haben und sich lieber des Ausdruckes Monsieur bedienen.

— — Gaudent praenomine molles
Auriculæ.

Ich will wohl glauben, daß alle diese republikanischen Sitten bisher noch nicht ungeheuchelt sind: allein was der Vater vorstellet, das wird der Sohn im Ernste. Das aufwachsende Menschengeschlecht bildet sich nach den Mustern, die es vor Augen hat, und untersuchet weder die Beweggründe noch die innern Gesinnungen: man kann also mit Wahrscheinlichkeit vorhersagen, daß die nächste Generation der Franzosen besser seyn werde, als die jetzige, wenn die Sachen nach ihrem Kopfe gehen. Armuth und ihre Gefährten, Religion und gute Sitten, beständige Kriege von aussen und innerliche Ruhe, können das Wunder bewirken, daß Frankreich sich als einen Freistaat erhält.

Unterdessen darf man annehmen, daß wenn dieses geschieht, es kein Werk von der tiefen Gesetzgeberkunst des französischen Nationalkonvents, sondern eine ganz natürliche Folge vom Zusammenlauf der Umstände ist. Ich muß lachen, wenn man mir die Weisheit der Menschen preißt: der Weiseste ist immer derjenige, der die Umstände zu benutzen weiß, und der große Mann ist derjenige, dessen Handlungen gerade in die kommenden Umstände passen; der Weiseste in den Augen der Menschen, denn oft dacht' er selbst nicht daran. Ein Minister räth zum Kriege, der Fürst unternimmt ihn, und er geht glücklich aus: der große Minister! ruft die Welt; keineswegs, denn er rieth den Krieg aus Privatabsichten, die er erreichte, der Krieg mochte ein gutes oder böses Ende nehmen. Auch die Häupter des Nationalkonventes zu Paris und die obersten Feldherren haben ihre Privatabsichten bei allem, was sie rathen und thun: fügt sich's nun, daß mit ihren Absichten auch die Nebenabsicht des gemeinen Besten befördert wird, so wird sie die Nachwelt große Männer nennen; im Gegentheil werden sie Schurken und Bösewichter seyn. Nach menschlicher Klugheit kann man beinahe fürs Letzte bürgen; denn die Handlungen der französischen Generäle und Gesetzgeber beweisen, daß sie gar keinen Schatten von Plan haben und blos allein auf Gerathewohl in den Tag hinein arbeiten. Man vergleiche zum Beispiele die unerhörten Lästerungen, die sie sich gegen alles, was Fürst oder König heißt, erlauben, mit den Bemühungen Cüstine's, den König von Preussen von der österreichischen Allianz abzubringen und zu einem Bündnisse mit Frankreich zu bewegen: die Politik hat niemals so etwas Abentheuerliches ausgehecket. Die Herrn Franzosen setzen voraus (denn jeder mißt andere nach seiner Elle) daß Friedrich Wilhelm im Stande sei, eine so auffallend schlechte Handlung zu begehen; da doch Mirabeau selbst, der alles am preussischen Hofe tadelte, und dem man Menschenkenntniß nicht absprechen kann, diesem Monarchen das Lob eines ehrlichen Mannes beileget. Sie setzen ferner voraus: daß dieser König blos wegen der schönen Augen der Königin von Frankreich seine Armeen in Bewegung setze. Friedrich Wilhelm ist kein Donquirotte, so lieb ihm auch das schöne Geschlecht seyn mag. Der Traktat von Pilnitz hat mehr auf sich als die Befreiung einer schönen Königin, und Frankreich wird, wenn es das Glück der Waffen nicht anders verhängt, die Folgen davon empfinden: doch wir wollen den Schleier des Schicksals nicht lüpfen, sondern es der Zeit überlassen, ihn aufzuziehen.

Quid sit futurum cras, fuge quærere!

Dekret der Nationalkonvention. *)

Vom 15. Dec. 1792. im ersten Jahr der Frankenrepublik, durch welches die fränkische Republik die Freiheit und Souveränetät aller derjenigen Völker verkündigt, zu denen sie ihre Waffen bereits gebracht hat, oder noch künftig bringen wird.

Nachdem die Nationalkonvention den Bericht ihrer vereinigten Finanzen- Kriegs- und diplomatischen Ausschüsse angehört hat, so beschließt sie, getreu ihren Grundsätzen von der Volkssouveränetät, die ihr nicht erlauben, irgend eine mit denselben streitende Einrichtung anzuerkennen, in der Absicht, für die Generäle der republikanischen Armeen die Regeln ihres Verhaltens in den von ihnen besetzten Ländern zu bestimmen — folgendes:

1) Die Generäle sollen in den Ländern, welche von den Armeen der Republik besetzt sind, oder es seyn werden, im Namen der fränkischen Nation die Souveränetät des Volkes, die Auf-

---

*) Siehe S. 45.

hebung aller eingesetzten Gewalten, Steuern und Abgaben, die Abschaffung des Zehnten, der Lehnsverfassung, der herrschaftlichen Rechte sowohl auf Lehn= als Erbzinsgütern, der fixen und zufälligen herrschaftlichen Gebühren, der Zwangrechte, der Leibeigenschaft, so wie der auf Gütern haftenden Dienstbarkeiten, der ausschließlichen Jagd= und Fischfangsrechte, der Frohnen, des Adels, und überhaupt aller Privilegien, augenblicklich bekannt machen.

2) Sie sollen dem Volke verkündigen, daß sie ihm Frieden, Hülfe, Bruderliebe, Freiheit und Gleichheit bringen. Gleich hernach sollen sie dasselbe in Ur= oder Gemeindeversammlungen zusammenberufen, damit es sich eine provisorische Verwaltung und Justiz wähle und einrichte. Sie sollen über die Sicherheit der Personen und des Eigenthums wachen; sie sollen gegenwärtiges Dekret, und die ihm angehängte Proklamation, in der Landessprache drucken, in allen Gemeinden anschlagen, und ohne Aufschub vollziehen lassen.

3) Niemand soll zur Stimmung in den Ur= und Gemeindeversammlungen zugelassen, noch auch zu einer provisorischen Verwaltungs= oder

Justizstelle ernannt werden, ohne daß er zuvor den Eid der Freiheit und Gleichheit abgelegt, und schriftlich allen durch gegenwärtiges Dekret abgeschafften Privilegien und Vorrechten, welche er bisher könnte genossen haben — entsagt hat.

4) Unverzüglich sollen auch die Generäle alle beweglichen und unbeweglichen Güter, welche dem öffentlichen Schatze, dem Fürsten, seinen Günstlingen, Anhängern, und freiwilligen Trabanten, den öffentlichen Anstalten, wie auch weltlichen und geistlichen Korps und Gemeinheiten gehören, in den Schatz der Frankenrepublik nehmen, und ohne Aufschub ein genaues Verzeichniß darüber verfertigen lassen, welches sie an den Vollziehungsrath einzuschicken haben. Auch sollen sie alle nur immer in ihrer Gewalt stehenden Maasregeln ergreifen, um das Eigenthum dieser Güter zu sichern.

5) Die vom Volke ernannte provisorische Administration hat die Aufsicht und Verwaltung über die in den Schutz der fränkischen Republik genommenen Gegenstände; sie hat für die Sicherheit der Personen und des Eigenthums zu wachen, die eingeführten bürgerlichen, peinlichen und Polizeigesetze vollziehen zu lassen, die beson-

dern und die zur gemeinschaftlichen Vertheidigung nöthigen Ausgaben zu bestimmen und einzutreiben. Sie darf Steuern erheben, jedoch allezeit mit der Vorsicht, daß nicht die dürftige und arbeitende Volksklasse dieselben trage.

6) Sobald die provisorische Verwaltung eingesetzt ist, wird die Nationalkonvention aus ihrer Mitte Kommissarien ernennen, um sich brüderlich mit ihr zu vereinigen.

7) Auch der Vollziehungsrath hat Nationalkommissarien zu ernennen, welche sich unverzüglich an Ort und Stelle begeben sollen, um sich mit den Generälen und der vom Volke provisorisch ernannten Verwaltung über die Maasregeln zur gemeinen Sicherheit und über die Mittel zu berathschlagen, welche anzuwenden sind, um den Armeen die nöthigen Kleidungsstücke und Lebensmittel zu verschaffen, und die Kosten des bisherigen und künftigen Aufenthaltes derselben in diesem Lande zu bestreiten.

8) Die von dem vollziehenden Rath ernannte Nationalkommissarien sollen ihm alle 14 Tage Rechenschaft von ihren Verrichtungen geben. Der Vollziehungsrath kann sie billigen, abändern

oder verwerfen, und hat sodann der Konvention darüber Bericht zu erstatten.

9) Die vom Volke provisorisch ernannte Administration und die Verrichtungen der National Kommissarien sollen in dem Augenblicke aufhören, wo die Einwohner, nachdem sie sich für die Souveränetät und Unabhängigkeit des Volkes, für Freiheit und Gleichheit erkläret haben, eine freie Volksregierung einführen werden.

10) Es soll Rechnung über die Ausgaben geführt werden, welche die Frankenrepublik auf gemeinschaftliche Vertheidigungsanstalten verwendet, so wie über die Summen, welche sie bereits könnte empfangen haben. Die fränkische Nation wird mit der zu ernennenden Regierung alle nöthigen Anstalten in Ansehung der etwa noch zu zahlenden Rückständen treffen; und im Falle das gemeine Wohl es erfordert, daß die Truppen der Republik noch nach dieser Epoche auf fremdem Boden bleiben, wird sie die zur Unterhaltung derselben nöthigen Maasregeln treffen.

11) Die fränkische Nation erklärt, daß sie dasjenige Volk als ihren Feind behandeln wird,
welches

welches die ihm angebotene Freiheit und Gleichheit nicht annehmen, oder beiden entsagen, und
seinen Fürsten und die privilegirten Familien behalten, zurückrufen, oder mit ihnen in Unterhandlungen treten würde. Sie verspricht, nicht
eher einen Friedensschluß zu unterzeichnen, oder
die Waffen niederzulegen, als bis die Souveränetät und Unabhängigkeit des Volkes gesichert ist,
auf dessen Gebiete sich die Truppen der Republik
befinden, als bis es die Grundsätze der Gleichheit angenommen, und eine freie Volksregierung errichtet hat.

12) Der Vollziehungsrath soll gegenwärtiges
Dekret durch ausserordentliche Kouriere an alle
Generäle schicken, und die zur Vollziehung des-
selben nöthigen Maasregeln treffen.

Nun folgt

Die
Proklamation der fränkischen Nation an das Volk...

Brüder und Freunde!

Wir haben die Freiheit errungen, und wir werden sie aufrecht erhalten. Wir bieten Euch den Genuß dieses kostbaren Gutes an, welches von jeher Euch zugehörte, und das Eure Unterdrücker Euch nicht rauben konnten, ohne ein Verbrechen zu begehen.

Wir haben Eure Tyrannen verjagt. Zeigt Euch als freie Menschen, und wir werden vor ihrer Rache, vor ihren Anschlägen und vor ihrer Rückkehr Euch schützen.

Von diesem Augenblicke an verkündigt die Nation der Franken die Souveränetät des Volks, die Unterdrückung aller bürgerlichen und militärischen Gewalten, welche Euch bis auf diesen Tag beherrscht haben, aller Auflagen, welche Euch drücken, unter welcher Gestalt sie immer bestehen mögen, die Abschaffung der Zehenten, der Lehnsverfassung, der herrschaftlichen Rechte sowohl auf Lehn- als Erbzinsgütern, der fixen so wie der zufälligen und herrschaftlichen Gebühren, der Zwangrechte, der Leibeigenschaft und der auf Gütern haftenden Dienstbarkeiten, der ausschließlichen Jagd= und Fischfangsrechte, der Frohnen, der Salzsteuer, der Weg= und Brückenzölle, und überhaupt aller Arten von Auflagen, mit welchen Euch Eure Unterdrücker belegt haben. Auch verkündigt sie bei Euch die Abschaffung aller adelichen, priesterlichen und andern Korporationen, aller Vorrechte und Privilegien, welche der Gleichheit zuwiderlaufen. Brüder und Freunde! Ihr seyd von diesem Augenblicke an alle Bürger, alle an Rechten einander gleich, werdet einer wie der andere berufen, Euer Vaterland zu regieren, ihm zu dienen, und es zu vertheidigen.

Bildet Euch auf der Stelle in Ur= oder Gemeindeversammlungen. Eilet, Eure provisorischen Administrationen und Justizkollegien zu ernennen. Die Geschäftsträger der Frankenrepublik werden sich mit ihnen einverstehen, um Euer Glück und die Brüderschaft, welche künftig zwischen uns herrschen soll, sicher zu stellen.

Im Namen der Republik befiehlt der provisorische Vollziehungsrath allen Verwaltungskörpern und Tribunalen, gegenwärtiges Gesetz einregistriren, lesen, bekannt machen, öffentlich anschlagen, und in ihren respektiven Departementern und Gerichtsbezirken vollstrecken zu lassen. Zu Urkunde dessen haben wir unsre Unterschrift und das Siegel der Republik beigefügt.

Paris, den fünfzehnten December, im ersten Jahr der Frankenrepublik.

Unterzeichnet Garat, Präsident des provisorischen Vollziehungsraths. Kontrasignirt: Garat; und gesiegelt mit dem Siegel der Republik.

Dem Original entsprechend.

Georg Wilhelm Böhmer.

Die Franzosen am Rheinstrome.

IItes Heft.

Die Zurüstungen, um eine Belagerung in Mainz auszuhalten, dauern in einem fort. Nachdem schon im vorigen Monat eine unsägliche Menge Kriegsvorrath dahin gebracht worden, versieht man sich jetzo mit Lebensmitteln, und füllet große Magazine mit Mehl, gedörrtem Fleisch, Zwieback und andern haltbaren Eßwaaren. Es ist jedoch sehr zweifelhaft, ob es zur Belagerung kommen werde: denn es läßt sich eher vermuthen, daß die verbündeten Mächte ihre Armeen im Felde, und, wenn je Städte zerstöret werden müssen, zu Eroberung französischer Festungen brauchen werden, als ein so zahlreiches Heer, das die Belagerung von Mainz forderte, Monate lang vor den Festungswerken dieser Stadt sitzen zu lassen, und ohne die höchste Noth eine der schönsten Städte Deutschlandes in einen Steinhaufen zu verwandeln. Werden die Franzosen aus dem Felde geschlagen, und außer Stand gesetzt, der Besatzung zu Mainz Luft zu

IItes Heft.

verschaffen; so fällt diese Festung von selbsten. *) Unterdessen ist eine gute Vorbereitung, eine Belagerung auszuhalten, das beste Mittel, die Feinde davon abzuschrecken. Um diesen Zweck zu erreichen, läßt es Cüstine an nichts ermangeln: er hat bereits Befehl gegeben, daß die Stadt sich mit Lebensmitteln versehen, und alle diejenigen, welche dieses nicht auf sieben Monate lang, vom 15. April an zu rechnen, thun können, sich bis dahin um andere Wohnplätze umsehen sollen. Wie sehr werden jetzo die Mainzer wünschen, sich gegen die Franzosen gewehret zu haben. General von Gymnich hat es ihnen vorhergesagt, daß es so kommen werde, und sie er-

---

*) Ich habe vermuthet, daß dieses geschehen würde, weil ich es wünschte: und ich habe es gewünschet, weil ich vorsah, daß die Belagerung hartnäckig seyn würde. Aber um meinen Wunsch zu erfüllen, mußte die Reichsarmee zu Anfang des Feldzuges vollzählig und im Stande seyn, Mainz einzuschließen, damit die Reichslande gesichert und die vereinigten Armeen frei wären, geraden Weges mit ihrer ganzen Macht gegen Frankreich zu gehen. Hätte dieses Platz gefunden; so war vielleicht der ganze Krieg in einem Feldzuge geendigt: man hatte es mit andern Leuten zu thun, als jetzo.

mahnt, sich lieber von den Franzosen als von den Deutschen zusammenschießen zu lassen. Sie zeigten sich auch anfänglich sehr geneigt, zu Vertheidigung ihrer Heerde die Waffen zu ergreifen: allein sobald sie Ernst sahen, verschwand der Muth. Es ist ihnen auch nicht sehr zu verargen, daß sie sich so leicht erobern ließen: sie dachten nicht anders, als daß Cüstine sie brandschatzen, und dann wieder weiter gehen würde. Unfehlbar war dies das Klügste, was er thun konnte: allein dieser General war noch nicht bekannt; seitdem weiß man, daß Klugheit eben seine Stärke nicht ist.

Wenn es dazu kömmt, daß die Deutschen vor Mainz kommen, so wird sich's zeigen, ob die Franzosen klug gethan haben, Kassel zu befestigen. Ich habe immer daran gezweifelt, und zwar aus dem Grunde, weil man Mainz vom rechten Ufer des Rheins nicht belagern, und auch die Eroberung nicht hindern kann. Wenn es die Belagerer etwas nützte, Kassel einzunehmen, so würden die entsetzlichen Werke, die Cüstine da errichtet hat, sie nicht lange daran hindern, da keine Kasematten da sind, wohin man einen Theil der Garnison und den Kriegsvorrath in Sicherheit bringen könnte. Nebst dem, daß diese neue Befestigung, meiner Meinung nach, nichts nützen kann, wird sie auf einer andern Seite schädlich: indem die Besatzung um vieles verstärkt werden muß. Ich glaube daher, daß Cüstine oder sein Rathgeber, der, nach Eroberung der Stadt, aus mainzischen in französische Dienste übergegangene Obrist Eickenmeyer, diese Befestigung nicht sowohl zur Vertheidigung der Stadt Mainz, als zum Rückhalt bei weiterm Vordringen ins Hessenland unternommen habe. Zu diesem Zwecke konnte sie vortrefliche Dienste thun, und hat sie auch schon wirklich geleistet: allein, wie ich schon im ersten Hefte bemerkt habe, dieser General schmeichelte sich zu viel, wenn er wirklich glaubte, sich am rechten Ufer des Rheins halten zu können, nachdem er sich gleichsam im Flug vom Mittelpunkt seiner Kräfte losgerissen hatte. Es regierte ein besonderer Schwindelgeist in den Köpfen, als die Franzosen auf allen Seiten über ihre Grenzen giengen. Sie selbst waren die ersten, die im ganzen Ernste glaubten, daß ihnen nun nichts mehr widerstehen könne; und sie glaubten's so zuversichtlich, daß sie auch Andere leicht überredeten. Dabei waren sie so sehr in ihre neue Freiheit verliebt, daß sie keinen Augenblick zweifelten, die ganze Welt würde sich ihnen mit Begierde in die Arme werfen, um desselben Glücks theilhaftig zu werden. Dieser kindische Wahn hat alle die Mißgeburten von Manifesten, Einladungen an die Völker und Dekreten erzeugt, wodurch die Vernunft und der gesunde Menschenverstand so lange Zeit schon geschändet worden sind, und es noch täglich werden. Die Franzosen waren die Vögel, die aus dem Käfich entwischen, und, im ersten Wonnegefühl ihrer Freiheit, schnellen Flugs sich von dem Orte ihrer Gefangenschaft so weit entfernen, als sie nur können. Man versicherte sie, daß sie nirgends Widerstand, überall Freunde finden würden, und das glaubten sie aus Eitelkeit am allerliebsten: was Wunder, wenn sie zu weit giengen, da von alle dem, was sie sich einbildeten, nichts wahr war? Wenn es den Generälen an Klugheit fehlte, wird man sagen, so hätte der vollziehende Rath, der die Stelle des Königs und seiner Minister vertrat, ihre Schritte leiten sollen: allein dieser vollziehende Rath war zu neu und zu schwankend, und hatte wahrscheinlich nicht Kenntniß genug von der politischen und geographischen Lage Deutschlands, um einzusehen, wie weit man mit Hoffnung einigen Erfolgs gehen dürfte. Die Generäle glaubten alle, nichts zu thun, wenn sie nicht alle Tage neue Eroberungen machten, und sie durch die Göttinn mit der doppelten Trompete auspofaunen ließen; einer wollte es dem andern zuvorthun, und so arbeitete jeder auf seine Faust, wie Leute, die in gar keinem Zusammenhange standen. General Custine insbesondere, dem seine physischen Beschäftigungen nicht viel Zeit zum Nachdenken übrig lassen, hatte noch dabei das Unglück, in seinen Rathgebern eine schlechte Wahl zu treffen: ein Jüngling von Straßburg, der etwas zu wissen glaubt, weil er eine Stelle bekleidet, wo man etwas wissen soll; ein Professor von Worms, der eine phantastische Einbildungskraft hat, und alles anders sieht, als es ist; ein Buchdrucker von Straßburg, der sich für einen witzigen Kopf hält, weil er den großen Herren schon viele Sottisen gesagt hat, und dergleichen Leute mehr, sind seine Lieblinge und Adjutanten. — Wenn durch Handlungen solcher Menschen einem Dorfe voll Bauern der Kopf verrückt wird, daß sie, wie jene von Kostheim, sich überzeugen, es sei nun einmal um Kaiser und Reich gethan, und nirgends kein Heil mehr zu finden, als unter dem Schatten eines französischen Freiheitsbaumes; so ist das eben kein großes Wunder: wenn aber Männer, die in ansehnlichen Aemtern standen, und den Ruf, etwas zu verstehen, hatten, mit eben so viel Unüberlegtheit, als ein Bauer, sich an die Franzosen hängen, dann weiß ich mir die Sache nimmer anders als durch den Einfluß eines Gestirns zu erklären.

Ich brauche wohl nicht zu erinnern, daß hier die Rede nicht von solchen Männern ist, die, wenn sie berufen wurden, ihrem Vaterlande unter französischer Herrschaft zu dienen, dem Rufe folgten: diese haben mehr als eine Rechtfertigung für sich, um allem Tadel und aller Ahndung auszuweichen. — Denn erstlich waren alle diejenigen dienst- und broblos, deren Dienste gerade an einen Platz gebunden, und nicht, wie ein Hof- oder Soldatendienst, ambulatorisch sind. — Viele unter ihnen sind nicht in so gemächlichen Glücksumständen, daß sie mit ihren Familien eine unbestimmte Zeit in Geduld stehen, und ohne Verdienst leben konnten. — Zweitens haben alle diejenigen, welche bei der allgemeinen Verwaltung in Mainz, bei den Municipalitäten, Stadtgerichten u. s. w. angestellt worden sind, nicht französische Dienste genommen, sondern sind im Dienste ihres Vaterlandes geblieben, dem sie treu zu seyn schwuren. Drittens, da doch einmal der Ueberwinder eine neue Ordnung einführen wollte, mithin neue Obrigkeiten seyn mußten; so ist man diesen Männern Dank schuldig, daß sie sich ihrer Mitbürger annehmen, und nicht die Herbeirufung fremder, nicht einmal der Sprache kundiger Obrigkeiten nothwendig machen wollten. Denn gesetzt', es hätte sich Niemand dazu verstanden, einen Dienst von der Hand des Generals Cüstine anzunehmen, so würde dieser einige von seinen Landsleuten haben kommen lassen, die gewiß in mehr als einer Rücksicht Uebel ärger gemacht hätten. Hat doch dieser General Redner berufen, die dem deutschen Volke die Freiheit begreiflich machen sollten: das beste Mittel dazu wäre wohl gewesen, sie ihm fühlen zu lassen. — Wenn demnach ein Mann sich blos auf seine neuen Amtspflichten eingeschränkt, und übrigens den Willen der Franzosen nicht weiter gethan hat, als ers mußte und nicht hindern konnte; so sehe ich nicht, aus welchem Grunde er darum getadelt oder wohl gar sträflich gefunden werden könne. Es ist eine Wirkung des Kriegsrechts, daß der Eroberer, wenn er das eroberte Land behalten will, ohne Jemanden Rechenschaft zu geben, nach Gutfinden neue Einrichtungen macht, Gesetze giebt, und Obrigkeiten einsetzt, welches alles freilich wohl nur so lange von Würde ist, als er die Eroberung behaupten kann. Die Könige von Frankreich haben Eroberungen gegen das Reich gemacht: sie hatten kein anderes Recht, als das Recht des Stärkern; dieses Recht hat Jeder, der es ausüben kann, folglich auch eine Nation. Kann nun die französische Nation Eroberungen machen, warum soll sie nicht einem Volke ihre Gesetze geben können? Freilich wohl sind die Eroberungen, welche diese Nation heut zu Tage macht, für die gekrönten Häupter und für die Ruhe von ganz Europa gefährlicher, als es jene Ludwigs XIV. waren: aber daran sind diejenigen nicht Schuld, die sich leider! müssen erobern lassen! es können ihnen also die Folgen davon nicht zur Last gelegt werden, in so weit es Folgen blos erzwungener Handlungen sind. Dieses dünkt mir unwidersprechlich zu seyn; man müßte denn behaupten, daß es eines jeden Volkes Schuldigkeit ist, sich eher aufreiben als erobern zu lassen: ich zweifle, ob man diese Behauptung nach seinem Geschmacke finden würde, wenn die Franzosen im nächsten Feldzuge das Argument retorquirten. Man wendet ein, die Verfassung der Franzosen sei noch nicht anerkannt, und sie sei kein gesetzmäßig konstituirter Staat: desto schlimmer für diejenigen, die ihrer Macht unterliegen; dieser Einwand befreiet sie nicht vom Zwange. Wenn die Franzosen lauter Rebellen und Räuber sind, so sind sie dem Unbewehrten nur desto gefährlicher. Von einem Feinde, der glaubt, daß er an das Völkerrecht gebunden sei, hat man weniger zu befürchten, als von einem andern, der alle Rechte mit Füssen tritt.

Es hat daher eben so viel Verwunderung als Furcht erregt, daß der Kaiser in seinem Edikt vom 19. December vorigen Jahres auch der Civilbeamten Erwähnung thut, und sie bei Leib- und Lebensstrafe anhält, ihre Dienste zu verlassen. Es liegt nicht einmal in der Willkühr der Bedienstetet, es zu thun. Denn wenn man sie auch vorher ohne Schwierigkeit ihrer Dienste entlassen hätte; so laufen sie jetzo Gefahr, von den Franzosen als Feinde angesehen und in dieser Eigenschaft behandelt zu werden, sobald sie ihre Entlassung begehren. Es bleibt ihnen also nichts übrig, als auf einer oder der andern Seite gehangen zu werden, wenn man ihrer habhaft wird, oder wenigstens ihr Vermögen zu verlieren, wenn sie das Leben durch die Flucht retten. Dieses Edikt war den Franzosen kaum bekannt geworden, so gaben sie eine Gegenerklärung, worinnen sie versprechen, diejenigen, welche dieser Ursachen halber ihr Vermögen verlieren würden, an den Gütern der deutschen Herrschaften

in

in Elsaß und Lothringen zu entschädigen, und für jeden Mann, der mit dem Tode bestraft würde, zween gefangene Offiziere hängen zu lassen. Gott verhüte in Gnaden, daß man nicht auf beiden Seiten Wort halte! Wir dürfen hoffen, daß man Niemanden ungehört verdammen werde, und daß die Schärfe des kaiserlichen Ediktes nur denjenigen gefährlich seyn werde, welche die Sache der Franzosen zur eigenen Sache gemacht, und die Revolution gepredigt haben. In sofern kann man es dem Kaiser und dem Reiche nicht verargen, daß sie mit Schärfe zu Werk gehen: denn dergleichen Personen müssen nach den bestehenden Gesetzen als Aufwiegler und Rebellen angesehen werden. Machen's doch die Franzosen eben so, und behandeln alle diejenigen mit äusserster Strenge, welche die Anhänglichkeit an die alte Verfassung und an ihre alten Herren wollen gelten machen. Da man denn keinem deutschen Reichsstande zumuthen kann, daß er in seinem eigenen Lande den Franzosen mehr Recht einräume, als sich selbst; so müssen's diejenigen, welche sich's zum Geschäfte machten, den Abfall zu predigen, ihrer eigenen Unbesonnenheit zuschreiben, wenn sie nach der Strenge der Gesetze behandelt werden. Ich sage mit Bedacht, ihrer Unbesonnenheit; denn in der That kam so viel dummes, abgeſchmacktes und eckelhaftes Zeug zum Vorſchein, daß man dieſe Leute keiner gefährlichen Bosheit fähig halten kann. Die Franzoſen fänden unſtreitig weniger Widerſtand, wenn kein Menſch gepredigt hätte: man würde alle ihre Einrichtungen als Folgen des Kriegsrechts anſehen, und, da man ſich nicht mehr wehren kann, ſich ihrem Willen unterwerfen.

Ich geſtehe gerne ein, daß es vielen Deutſchen von Herzen Ernſt war und noch iſt, die franzöſiſche Verfaſſung anzunehmen. Es iſt nicht unwahrſcheinlich, daß einige Neuerungsſüchtige, ſchon vor der Ankunft der Franzoſen, mit ihnen in Korreſpondenz ſtanden, und ſich das Parate Viam Domini, rectas facite semitas ejus von Paris oder Strasburg zurufen ließen. Kaum waren die Klubs im Aufkeimen, ſo kamen Zuſchriften von den äuſſerſten Grenzen Frankreichs daher, worüber Jedermann, nur gewiß die Wenigen nicht erſtaunten, welche im Geheimniſſe waren. Anfänglich kam das Ding auſſerordentlich ſchmeichelhaft vor, in ſo weitſchichtige Bekanntſchaft zu gerathen: aber es hatte deswegen nicht die beſten Folgen für die Klubs ſelbſten. Viele wurden eben dadurch ſchüchtern gemacht, weil ſie fürchteten, in eine Geſellſchaft gerathen zu seyn, deren Gesetze sie nicht kannten, und deren Plan für sie zu weitaussehend war. Man muß es den meisten Mitgliedern der deutschen Klubs zur Ehre nachsagen, daß sie sich in keiner andern Absicht dabei eingelassen haben, als weil sie glaubten, etwas Gutes wirken zu können. Viele von ihnen sind deswegen wiederum weggeblieben, weil sie sich in ihrer Meinung betrogen fanden. Daher kömmt es, daß in diesen Gesellschaften so viele Mißhelligkeiten herrschen: die Mitglieder haben weder einerlei Beweggründe, noch einerlei Absichten. Sie sind dabei sehr übel oder vielmehr gar nicht gewählt, sondern durch bloses Ungefähr zusammen gekommen: darum passet auch nirgends was auf einander, und es wird schwerlich etwas Dauerhaftes zu Stande kommen. Die Franzosen hatten sich's zum Hauptzwecke ihrer Handlungen gemacht, überall den großen Haufen zu gewinnen: allein die Art, wie sie sich dazu anschickten, war zu plump, und empörte das Gefühl der Redlichkeit zu sehr, um die gehoffte Wirkung hervorzubringen. Als sie zum Beispiele mit dem größten Theil der erpreßten Brandschatzungen von Worms wegzogen, erklärte General Cüstine, daß nur die Magistratspersonen allein diese Last tragen, das gemeine Volk hingegen davon befreiet seyn sollte: in

Frankfurt sollte Niemand etwas an der Brandschatzung bezahlen, der nicht dreißigtausend Gulden im Vermögen hätte. An beiden Orten wurden sie durch diesen elenden Kunstgriff noch mehr verhaßt, als sie es schon durch die Forderung der Brandschatzung waren: sie wollten Zwietracht stiften, und stifteten Einigkeit. Der Haß gegen die Franzosen fiel beim großen Haufen auf ihre Anhänger, die Klubisten, und damit ist der Zweck schon verfehlt. Dazu kommt denn noch, daß die Erleichterung, die man dem Volke verheißen hatte, nicht erfolgt, sondern durch die vom Krieg unzertrennlichen Beschwerden die Last täglich drückender wird. Bei solcher Stimmung der Gemüther dürfen die Klubisten auf keinen großen Anhang unter dem Volke zählen; im Gegentheil, es schützet sie vielleicht jetzo schon nur die Gegenwart der Franzosen vor Beleidigungen. *) Manche meiner Leser werden vielleicht schon öfter gefragt haben: was denn eigentlich ein Klub sei? denn es geschieht gar vielfältig, daß gewisse Worte, besonders fremde, in allgemeinen Gebrauch kommen, ohne daß man weiß,

---

*) Diese Prophezeihungen haben sich nach der Ankunft der Deutschen wörtlich erfüllet.

was eigentlich darunter verstanden werde: so
gieng es in Frankreich mit den Worten Aristo=
krat und Demokrat, von denen die Wenig=
sten richtige Begriffe haben. Was das Wort
Klub, nach der Originalaussprache Klobb,
grammatikalisch heiße, weiß ich selber nicht, da
ich kein Englisch verstehe; der Sinn davon aber
ist: Eine Gesellschaft, welche sich aus eigener
Authorität gebildet hat, und in ihren Versamm=
lungen sich mit politischen Angelegenheiten be=
schäftigt. Die verschiedenen Beinamen sind blos
zufällig: so hat der Jakobinerklub diese Benen=
nung von dem Jakobinerkloster zu Paris, wo er
seinen Sitz aufgeschlagen hat. In dieser Be=
schreibung werden meine Leser den Begriff nicht
finden, den sie sich von den Jakobinern gemacht
haben: allein man muß bedenken, daß nichts
so unschuldig ist, das nicht durch Mißbrauch ge=
fährlich werden kann.

> Infani fapiens, ferat aequus nomen ini-
> qui,
> Ultra quam fatis eſt, virtutem ſi petat
> ipſam.

Eine solche Gesellschaft braucht nur ein paar bos=
hafte verführerische Männer, die ihren Arbeiten
unvermerkt eine gefährliche Richtung geben:

wenn diese Arbeiten auf ein mißvergnügtes, leichtsinniges, zu allen Ausschweifungen aufgelegtes Volk gerichtet sind; so wird sie aus einer an sich unschädlichen Gesellschaft zur wahren Viperbrut, die alles mit ihrem gefährlichen Gifte anstecket. In diesem Falle befindet sich der Jakobinerklub unter den Franzosen: die Häupter davon, worunter man die Barnave, die Robespierre, die Rabaut, die Chabot u. a. m. zählen kann, machten die republikanische Verfassung zum Hauptzweck ihrer Arbeiten, und viertehalb Jahre nach seiner Entstehung starb der König von Frankreich auf dem Blutgerüste. Diese Gesellschaft ist bereits zur Armee angewachsen, die ihre Vorposten in allen Staaten von Europa hat. Eine so zahlreiche Innung, deren gefährlichste Glieder vielleicht noch dazu, wie der Jesuitengeneral, unbekannt und verlarvt sind, wird schwer auszurotten seyn: es schaudert einem Manne von Menschengefühl, wenn er an die Ströme Blutes denkt, die darüber fließen müßten, ohne daß man noch versichert wäre, seinen Zweck erreicht zu haben. Man hat wenig Beispiele, daß Sekten durch Verfolgung sind ausgerottet worden: am wenigsten möchte es bei dieser gelingen. So lang die Wighs und Torys in England einander verfolgten, waren beide fürchterlich: sobald die

Verfolgung aufhörte, hat man sie nur noch den Namen nach gekannt.

Das Schlimmste bei der Sache ist, daß die Religion sich mit ins Spiel zu mischen scheint: überall zeiget die herrschende Religion am wenigsten Hang zur Neuerung. — In Speyer, wo man fast nichts als Lutheraner kennt, ist der Klub äusserst unbedeutend; in Worms, wo alle Religionen ziemlich zahlreich sind, ist er stärker, doch besteht seine Hauptstärke in reformirten Mitgliedern, deren Loos in dieser Stadt das schlimmste ist, indem sie nicht nur, wie die Katholischen, von allen Aemtern ausgeschlossen sind, sondern selbst das Bürgerrecht, so zu sagen, nur gelehnet haben. *) Die Katholischen trösten sich mit

---

*) Sie haben nämlich der Stadt ein ansehnliches Kapital gegen Verleihung des Bürgerrechtes vorgeschossen. Die Stadt behauptet nun, daß sie mit Zurückzahlung dieses Kapitals das verliehene Bürgerrecht wieder zurücknehmen und sich die Reformirten vom Halse schaffen könne. Ob dem so sei, weiß ich nicht, denn ich habe keine Urkunde gesehen: es ist aber wahrscheinlich ohne Nutzen, sich viel darum zu bekümmern, denn bis die Stadt Worms im Stande ist, das Geld zurückzuzahlen, wird man, wie ich hoffe, keine Reformirten mehr wegjagen.

der Menge von fürstlichen Dienern und Geistlichen, die ihnen vorzügliche Nahrung verschaffen: aber die Reformirten sind ihrem eigenen Fleiße ganz überlassen. In Mainz ist die Zahl der Protestanten im Klub beinahe so groß, als sie es seyn kann: die übrigen sind junge Laffen, oder Mißvergnügte, oder Pfaffen, die, wie Dorschen, der Fleischkitzel plagt. In Frankreich selbst würde es schwerlich mit dem Klub der Jakobiner und mit der Revolution so weit gediehen seyn, wenn es entweder gar keine Hugenotten da gäbe, oder diese von jeher mit den Katholiken gleiche Rechte genossen hätten. Man hat bemerkt, daß die mittägigen Provinzen, wo ihre Zahl stärker ist, als in den nördlichen — daß die großen Handelsstädte, wo sie gleichfalls sehr zahlreich sind, den meisten Eifer für die Revolution gezeigt haben. — Selbst Elsaß hat sich anfänglich auszuzeichnen gesucht, absonderlich die Stadt Strasburg: gewiß hauptsächlich aus Ursachen, wozu die Verschiedenheit der Religion Anlaß gegeben hat. Diese Beobachtung führt auf die unerschöpfliche Frage über den Nutzen oder Schaden und über die Grenzen der Toleranz, worüber schon mancher hübsche Band vollgeschrieben worden ist, ohne daß die Frage deswegen zu Jedermanns

Vergnügen beantwortet wäre: jeder will den Prozeß nach seiner Meinung entschieden wissen. Thomas Päne hat den Gordischen Knoten zerhauen, anstatt ihn aufzulösen; indem er die so gepriesene Toleranz selbst für ein politisches Verbrechen angesehen, und an ihre Stelle die vollkommene Gewissensfreiheit gesetzt hat. Allerdings setzt die Duldung das Recht der Intoleranz voraus, und ist folglich immer mit etwas Zwang und Erniedrigung verbunden, deren Wirkungen desto gefährlicher sind, je zahlreicher die tolerirte Parthei ist: denn die Menschen haben alle einen angebohrnen Hang zum Herrschen, und ertragen Zwang und Erniedrigung niemals mit mehr Ungeduld, als wenn Religionseifer sie beseelt, und ihre Sache zur Sache Gottes machen hilft. Allein der schöne Gedanke unsers Philosophen ist eben darum nur unter Aristiden und Timoleonen ausführbar. Ungeachtet der Gewissensfreiheit, ungeachtet der Entfernung der Regierung von aller Partheilichkeit, wird doch jede Sekte obenan stehen wollen, und die Gewissensfreiheit wird zum Wortspiele werden; indem zwar Jeder frei seyn wird, zu glauben was er will, aber auch sich wird müssen gefallen lassen, manchen Vortheil zu entbehren, wenn er anders glaubt, als die mächtigste Parthei. *) Anfänglich wird man sich ins Gleichgewicht setzen wollen, und man wird sehr eifersüchtig seyn, seiner bisher unterdrückten Parthei aufzuhelfen: dieses Bestreben wird die Aufmerksamkeit der andern Parthei rege machen, sie wird ihm Hindernisse zu machen suchen, hieraus werden Klagen über den Verfolgungsgeist entstehen — und dann wird man so weit seyn, als vor Einführung der Gewissensfreiheit. Wenn unsere christlichen Sekten so verträglich wären, als es die Sekten der Vielgötterei waren, (die egyptischen ausgenommen) wenn die Christen, nach dem Beispiele der Römer, die Verschiedenheit dieser Sekten nicht zur Staatssache gemacht hätten; so würde es nicht der Mühe werth seyn, über Toleranz oder Gewissensfreiheit ein Wort zu sagen: nun aber, da Religion und Staat so sehr in einander verwebt sind, da man einmal Jahrhunderte lang das Bürgerrecht und andere noch beträchtlichere Vorzüge nach Religionsmeinungen bestimmt hat, da diese Meinungen so lange Zeit das Signal zu

---

*) Ungeachtet in Frankreich dem Scheine nach alle Religion aufgehoben worden ist, wird uns doch die Zukunft manches aufdecken, das zur Bestättigung dieses Satzes dienet.

den grausamsten Bedrückungen und Verfolgungen waren — jetzo, sag' ich, wird es sehr schwer halten, den alten Partheigeist, und eines Theils das Andenken der Alleinherrschaft, andern Theils jenes der ausgestandenen Verfolgungen, zu vertilgen. Es ist grausam, Jemanden wegen Meinungen, in denen er ohne eigene Wahl erzogen worden ist, und die ihm noch dazu das Vorurtheil verbietet öffentlich abzulegen, der Vorzüge zu berauben, worauf seine Fähigkeit, sein Wandel und sein Vermögen ihm ein Recht geben, Anspruch zu machen: unterdessen weiß ich doch nicht, ob nicht die Engländer die beste Art von Duldung erwählt haben, da sie jeden ungestört glauben lassen, was er will, aber nur diejenigen zu öffentlichen Aemtern zulassen, welche der Landesreligion zugethan sind: was ich vielleicht noch hinzusetzte, wäre die Erlaubniß des öffentlichen Gottesdienstes. Es ist unfehlbar ein Unglück für die Menschen, daß sie sich über Meinungen entzweien, wovon sie nichts verstehen, und die nichts zu ihrem zeitlichen Glücke beitragen: wer nun will, daß dieses der menschlichen Schwachheit anklebende Uebel gar keine bösen Folgen habe, der will meines Erachtens etwas Unmögliches; er will, daß es eine Ursache ohne Wirkung gebe. Die Klugheit der Menschen reicht wohl in diesem Stücke nicht weiter, als unter mehrern Uebeln das geringste zu wählen. Mir dünkt daher, daß die Engländer und Holländer ungefähr so geschlossen haben: "Es wäre freilich ein Glück für die Menschheit, wenn Meinungen über Religion bei der Staatsverwaltung eine ganz gleichgültige Sache wären, und ganz und gar keinen Einfluß dabei hätten: allein da einmal das Gegentheil unvermeidlich ist, und es die Leidenschaften oder die Schwachheit der Menschen nicht anders erwarten lassen; so ist es besser, daß nur eine Parthei unmittelbaren Einfluß habe, damit nicht das Wasser in der Quelle trüb gemacht, und die Ordnung aus der Unordnung hergeleitet werde. Die Katholiken, welche das Recht zum Himmel sich ausschließlich zueignen, können sich mit dem Reiche in der andern Welt trösten, wenn sie in dieser Welt irgendwo von der Regierung ausgeschlossen sind: die Protestanten hingegen, welche ihre Ansprüche auf die ewige Seligkeit nicht so weit ausstehen, mögen's ihrem Eigensinne zuschreiben, wenn sie nicht ihre Religion gegen eine andere vertauschen, der sie die Kraft der Seligmachung nicht absprechen, und die ihnen schon in diesem Leben Theil an der Herrschaft giebt. — "

Ob diese Herren Recht hatten oder nicht, darauf lasse ich mich nicht ein. Wer glaubt, daß sie zu weit räsonnirt haben, dem wird freilich das französische System noch weit weniger behagen, welches durch Gleichstellung aller Religionen ohne Ausnahme, und durch beinahe völlige Zernichtung des Priesterstandes, erstlich der Gleichgültigkeit und dann dem Unglauben, der ohnehin schon leider! zu weit eingerissen war, Thür und Thore öffnet; indem es den Geistlichen alle Gewalt nimmt, und der bürgerlichen Obrigkeit alle Einmischung in Religionssachen untersagt. Die Franzosen wollten die Gewissensfreiheit durch alle mögliche Mittel befördern, nachdem sie einmal den Schritt gethan hatten, sie zum Grundgesetze anzunehmen, ohne die Folgen davon vorauszusehen, und ohne alle Hindernisse zu berechnen, die der Ausführung dieses Gesetzes im Wege standen. Es scheint, daß sie nur ein Hinderniß in Anschlag gebracht haben, nämlich die Vielheit der Priester, die aus der Religion ein Handwerk machen, das sie ernähret, ohne daß sie es treiben: ich meine, der Mönche und Stiftsgeistlichen; und um diese aus dem Staate zu schaffen, haben sie Mittel gewählt, die ihrem Zwecke mehr hinderlich als vorträglich sind: nämlich die plötzliche Aufhebung ihrer Körperschaften, und die mißlungene Einbürgerung mittelst des Bürgereides. Das hieß sie nicht aufheben, sondern sie sich zu Feinden machen; und eine große Anzahl Feinde solcher Art ist nicht zu verachten. Meine Leser wissen, welche Folgen das hatte, und ich fürchte, daß wir deren noch schrecklichere sehen werden. Die überflüßigen Priester aus dem Staate zu schaffen, giebt es kein besser Mittel, als sie in ihrem Stande und beim Genusse ihrer Güter aussterben zu lassen. Dies dauert zu lange, wird man sagen, und sie werden binnen dieser Zeit Mittel finden, eine solche Verordnung widerrufen zu lassen. Zu befürchten ist's, das sehe ich wohl ein: allein wenn es einmal der Regierung wahrer Ernst ist; so braucht es doch lange Zeit, um den Widerruf eines Gesetzes zu bewirken. Mittlerweile sterben viele, viele können auf eine andere Art vortheilhaft versorgt werden, und, was das Wichtigste ist, man gewinnet Zeit, durch Umstimmung der Volksmeinung sie entbehrlich zu machen. Die Verminderung der Geistlichkeit ist bei weitem nicht allein hinreichend, die Toleranz, oder wenn man will, die Gewissensfreiheit, fest zu gründen: es müssen der Priester immer noch so viele bleiben, daß sie einem solchen Staatsgesetze gefährlichen Widerstand erregen können, wenn sie bleiben, was sie jetzo sind, Theologen. Die Intoleranz der protestantischen Geistlichkeit erspart mir den Beweis dieser Behauptung. Wenn man der Sache auf den Grund gehen will, so wird man finden, daß das Studium der Theologie und des kanonischen Rechtes die Urquelle der Intoleranz ist. — Wenn daher den Beherrschern von Europa daran gelegen ist, die Toleranz oder Gewissensfreiheit in ihren Reichen einzuführen; so werden sie, wie mir dünkt, ihren Zweck am sichersten erreichen, wenn sie die dogmatische, polemische und kasuistische Theologie aus den Schulen verbannen. Man lasse die Mysterien der christlichen Religion, wie sie sind; sie sind zu erhaben, als daß sich Menschen erlauben sollten, ein Schulgeschwätze daraus zu machen, und unbärtige Jünglinge dafür oder dawider dogmatisiren zu lassen: man halte sich einzig und allein an die reine Moral Christi und seiner Apostel, und schmücke übrigens den Gottesdienst mit erbaulichen und schönen Gebräuchen, welche die Sinne auf eine angenehme Art beschäftigen. Ich weiß, daß die Protestanten, und auch viele Katholiken, keine Liebhaber von Zeremonien sind: allein wenn, wie ich's voraussetze, diese Zeremonien erbaulich und schön sind; so sehe ich nicht, was man mit Grunde dagegen einwenden könne. Im Gegentheil finde ich sie beim Christenthume nöthiger als bei irgend einer Religion: ein Gott, der am Kreuze starb, und gemarterte Heiligen, werfen den Trauerschleier über sein Bild, und erfüllen die ganze Seele mit Düsternheit. Die Christen müssen nothwendig die traurigsten Völker unter der Sonne werden, wenn sie alles, was die Sinne angenehm beschäftigen, und den Eindruck, den diese schauderlichen Gegenstände auf die Seele machen, mildern kann, aus ihrem Gottesdienste verbannen. Der Verfasser eines Buches, das Jedermann mit Vergnügen liest, ich meine den Faustin, hat die Bemerkung gemacht, daß die christlichen Sekten immer trauriger werden, je mehr sie sich von den Katholiken entfernen. Eben diese Bemerkung hat schon vor ihm der gelehrte Großley in seinem Buche, London, gemacht, wo er sagt: La vie des Catholiques n'a point cette austérité que la Reforme et toutes ses branches ont jettée dans les mœurs angloises: si l'on veut trouver en Angleterre de la Gaiëté, de la Galanterie et ce qu'on appelle en France, le ton de la bonne Société, c'est sur tout, parmi les Catholiques qu'il faut les chercher: Ainsi, dans leurs principes d'exclusion pour le Ciel, ils

vont

vont gaiement en Paradis, tandis que leurs compatriotes hérétiques se trainent tristement en Enfer. Ils conserverent l'esprit de Sociabilité au milieu du feu des guerres civiles : les Cromwellistes et tous les Illuminés qui ayant renoncé aux vertus Sociales s'appelloient eux - mêmes Têtes Rondes, ne voioient dans les Catholiques que des Petits - Maitres qu'ils appelloient les Cavaliers. Es ist ganz natürlich, daß eine schöne Kirchenmusik, der Schmuck der Altäre, Abwechselung der Gegenstände beim Gottesdienste, Verschiedenheit der Zeremonien, worunter ich besonders die feierlichen Prozessionen zähle, die an Sonn= und Feiertagen gewöhnlichen Lustbarkeiten u. d. eine ganz andere Wirkung hervorbringen, als eintöniger Kirchengesang, dessen Melodien sich aus der Urzeit der Reformation herschreiben, nakte Kirchenwände, beständiges Predigen und Bibellesen, und dann die strenge Feier des Sonntages, des einzigen Tages, an welchem der arbeitsame Theil der Menschen Zeit hat, sich der Fröhlichkeit zu überlassen. Wenn demnach die Religion dem Menschen gegeben worden ist, um ihn glücklich zu machen, wenn Fröhlichkeit die Würze ist, ohne welche das Leben abgeschmackt wird; so wird man mir's verzeihen, daß ich

IItes Heft.   L

der katholischen Religion den Vorzug vor andern christlichen Religionen einräume. — Wer die Religion nach dem innern Werthe schätzen will, der mag urtheilen, wie er's findet:

— — Quot Capitum vivunt, totidem Studiorum Millia.

Ich finde keinen großen Unterschied, und bin daher zur Toleranz so sehr geneigt, als es Jemand seyn kann. Warum soll ich meinen Bruder hassen, daß er eine fröhlichere oder traurigere Religion hat, als ich? Zielen doch beide dahin, daß wir in dieser Welt tugendhaft leben sollen, um in der andern glückselig zu seyn.

Vollkommene Gewissensfreiheit schließet auch die Juden nicht vom Bürgerrechte und von öffentlichen Aemtern aus. Aber den Juden das Bürgerrecht geben, heißt, es dem Wucher geben. Die Regierung und die Parlamente von England, der Souverän von Holland, der weise Friedrich von Preussen haben niemals daran gewollt, ungeachtet die Zahl und der Reichthum dieser Nation in ihren Staaten eine solche Begünstigung zu rathen schienen. Diese Beispiele müssen jeden Politiker oder Gesetzgeber schüchtern machen, wenn er in Versuchung geräth, der Menschenliebe Ge=

hör zu geben, und dieses Volk aus der Verachtung zu ziehen, in welcher es lebt. Ob die Franzosen wohl oder übel gethan haben, sich über diesen Skrupel wegzusetzen, muß die Zeit lehren, so wie sie überhaupt über den Werth oder Unwerth ihrer Einrichtungen entscheiden wird. — Wo noch keine Veränderung gemacht worden ist, da wäre ich der Meinung, man sollte nicht geradezu mit einem Federzuge allen Juden das Bürgerrecht geben, sondern dessen Erwerbung auf einige Bedingungen einschränken: z. B. daß man handelnden Juden das Bürgerrecht nur alsdann ertheilete, wenn sie ein großes Vermögen besäßen, und den Großhandel trieben — daß hingegen andere, welche diese Bedingung nicht erfüllen könnten, demungeachtet zu diesem Rechte gelangeten, wenn sie eine Kunst, ein Handwerk oder den Feldbau trieben, und sich davon ernähreten, oder wenn sie, wie Mendelssohn, sich in den Wissenschaften hervorthäten — daß jeder Jude, welcher Bürger werden wollte, ein eignes Haus haben müßte. — Auf diese Art wäre keinem das Bürgerrecht abgesprochen, aber auch nicht allen gegeben, und die Erfüllung dieser und ähnlicher Bedingungen würde sie zu nützlichen Bürgern machen. Eine Sache würde bei alle dem noch Schwierigkeiten verursachen: nämlich, daß man den Juden erlaubete, ihre Geschäfte an den Feiertagen der Christen zu treiben, gleichwie diese durch die jüdischen Feste nicht daran gehindert werden. Zu öffentlichen Aemtern sind die Juden noch zur Zeit aus mehrern Ursachen untüchtig: unter andern macht die strenge Beobachtung des Sabbaths und vieler andern Feste zu großes Hinderniß: man darf auch das Vorurtheil, das gegen sie ist, und die Geringschätzung, mit welcher Jedermann sie anzusehen gewohnt ist, unter diese Beweggründe zählen. Zum Soldatenstande lassen sich die französischen Juden wirklich brauchen: ob Noth oder freie Wahl sie dazu bringt, weiß ich nicht; doch ist es wohl wahrscheinlich das Erste, theils weil der Handel, ihre einzige Nahrung, in Frankreich sehr darnieder liegt, theils weil bei Aushebung der sogenannten Freiwilligen auf Stand und Religion gar keine Rücksicht genommen wird. Ich zweifle auch sehr, ob diese jüdischen Soldaten und Offiziere großen Heldenmuth zeigen werden: Kaiser Joseph konnte keinen in ihnen erwecken, und als Laudon zur Armee kam, jagte er sie vollends weg. In einem hohen Grade furchtsam, zeigen sie nur Muth, wo sie prahlen können, und wo keine Gefahr ist: ihr Muth ist allezeit eine Art von Frechheit. — Unreinlich bis zum Eckel, lieben sie doch die Pracht, absonderlich an ihren Weibern: ein Jude prahlet mit einem guten Rocke, wenn gleich seine übrige Kleidung seine Blöße nicht bedeckt. Aberglaube, Wahrsagerei, Taschenspielerei, ein unwiderstehlicher Hang zum Spielen, Schachern und Betrügen, Abneigung von jeder Art Arbeit, und endlich der Stolz auf ihre Herkunft und auf ihre Gesetze, machen die übrigen Züge ihrer Schilderung aus. Wer die Zigeuner genau beobachtet hat, welche auch ein orientalisches Volk, nämlich Parjas aus Indien sind, der wird zwischen beiden viele Aehnlichkeit finden. Wenn ich einen Juden sehe, auf welchen dieses Gemälde nicht passet, so gerathe ich in Versuchung, an seiner jüdischen Abstammung väterlicher Seits zu zweifeln. — Von diesem Gemälde würde sich freilich ein Zug nach dem andern verlieren, wenn aus Verlangen nach dem Bürgerrechte die Juden anfiengen, sich solchen Beschäftigungen zu widmen, die sie den Christen näherten: hat doch die Nothwendigkeit, äusserlich Christ zu seyn, die spanischen und portugiesischen Juden auf eine sehr vortheilhafte Art umgebildet. Sie sind auf diese Umstaltung so stolz, daß sie lieber Samariter, als mit den übrigen Juden ein Volk seyn wollen. So lange man es nicht dahin bringt, daß die Juden ihren Müssiggang in ein arbeitsames Leben verwandeln, werden sie sehr schlechte Bürger seyn: und wenn man nicht auf die Arbeitsamkeit eine reizende Belohnung setzt; so werden sie sich nicht dazu verstehen.

In den Rheinländern sind alle Städte und Dörfer mit Juden angefüllt, die wohl eben so sehnlich auf die Einführung der französischen Verfassung, als auf den Messias warten. Es ist ihnen nicht ganz zu verargen: denn die Schutzgelder, die sie bezahlen müssen, ohne weder Eigenthum noch Gewerb, ausser einem elenden Handel, zu haben, sind in manchen Herrschaften unerschwinglich groß. Daß bei dieser Vermehrung der Juden weiter nichts anders als der Finanzvortheil der Landesherren bezwecket worden sei, brauche ich wohl nicht zu erinnern: es ist in diesen kleinen Ländern nicht herkömmlich, eine andere Absicht bei irgend einer Einrichtung zu haben. Wenn auch der Landesherr eine löblichere Absicht bei einer Veranstaltung hat, so findet doch die Habsucht der Untergeordneten Mittel, sie zu vereiteln, und aus der besten Anstalt eine Quelle von Unheil fürs Volk zu machen, das Niemand hat, der es vertritt, folglich keine andere Wahl, als dulden, so lang das Uebel erträglich ist, oder sich zu empören, wenn es unerträglich werden sollte. Eine traurige Wahl! aber auch eine betrübte Verfassung, die keine andere gewährt. So war die Verfassung Frankreichs, seitdem mit den Parlamenten wie mit nichtsbedeutenden Körperschaften umgegangen wurde, die man haben oder missen könnte, und seitdem eben darum auf ihre Vorstellungen nimmer geachtet wurde. Ich weiß wohl, daß die Parlamente eben keine Landstände waren; zu dieser Eigenschaft paßte weder ihr Stand, noch die Art, wie sie dazu gelangten: aber man hatte ihnen doch, wenn gleich nur stillschweigend, das Recht eingeräumt, den Bursaledikten der Regierung die Kraft abzusprechen. Ludwig XIV. hatte eine Bresche in dieses Recht gemacht. So lang die Parlamente sich im Namen des Volkes vertheidigten, waren sie der Abgott der Nation: aber da sie, nach einigen Verbannungen, des Widerstandes müde, mit dem Hofe kapitulirten, und mehr auf ihre Erhaltung als auf die Wohlfahrt des Reichs bedacht zu seyn schienen, wurden sie auch bei dem Volke verhaßt, und waren, als der Sturm ausbrach, ohne alle Hülfe. Die Regierung hatte geglaubt, daß sie durch die Zernichtung der Parlamentsgewalt vieles gewänne: denn die Regierung glaubte, daß sie am sichersten wäre, wenn sie unumschränkt herrschen könnte. Allein der Er-

folg hat gezeigt, daß sie sich selbst eine Grube ge=
graben hat. Auch die Parlamente standen in der
Meinung, der Hof wäre der einzige Feind, den
sie zu fürchten hätten: weder der Hof noch die
Parlamente haben auf den schlafenden Löwen ge=
achtet, der zu ihren Füßen lag; sie sahen ihn
nicht, bis er grimmig aufsprang und beide ver=
schlung.

> Quid quisque vitet, numquam homini satis
> Cautum est in horas. Navita Bosporum
>   Poenus perhorrescit, neque ultra
>   Coeca timet aliunde fata.

Steht doch alles in der Welt aus seinem Grabe
auf; so auch die Freiheit aus dem Despotismus,
welcher ihr Grab ist. Aber weh! den Menschen,
die in der Zeit der Gährung leben, welche mit
der Geburt dieses Kindes verbunden ist: Mord
und natürlicher Tod reissen eine ganze Generation
ins Grab, ehe es sich aus dem Chaos entwickelt
und zur Anschaulichkeit gelanget.

> Mundi melioris origo.

Und o! Ihr Beherrscher der Erde, denen
Ihre Erhaltung und die Erhaltung Ihrer Nach=
kommenschaft, ich sage noch mehr, denen das
Glück der Menschen am Herzen liegt, betrüget

Euch nicht so weit, daß Ihr glaubt, die Sicherheit des Thrones sei am unerschütterlichsten auf Unumschränktheit gegründet. Erinnert Euch der letzten Worte des unglücklichen Ludwigs, dessen Blut vor wenig Tagen unter der Hand des Henkers geflossen ist: „Ich empfehle meinem Sohne, sollte er je König werden, auf nichts als auf das Glück seiner Mitbürger zu denken, und sich zu erinnern, daß er nicht glücklich werden kann, er herrsche denn nach den Gesezen." Zu dem Schaffotte, auf welchem du starbst, beweinenswürdiger Prinz, hat dein Urahnherr Ludwig der XIV. den ersten Block geschlagen. Der kleine Bürgerkrieg, mit welchem seine Regierung begann, konnte ihm zur Warnung dienen: allein er achtete nicht darauf, sondern nahm ihn zum Anlaß der Bedrückung seines Volkes. *) Der Staatsbankerot, der nach seinem

---

*) Es ist bekannt, daß dieser Bürgerkrieg den stolzen Ludwig veranlasset hat, Paris nicht bewohnen zu wollen und Versailles mit unglaublichen Kosten zu bauen. Dabei hat ihn Ehrgeitz oder Furcht vor innern Unruhen zu immerwährenden Kriegen im Auslande verleitet, deren Kostenaufwand das Königreich in einen Abgrund von Schulden und Bedrückungen gestürzet hat.

Tode ausbrach, vermochte deinen Anherrn nicht, seinen Verschwendungen Schranken zu setzen. Du fandest dein Volk unter einer unerträglichen Last seufzend, und ludest ihm noch mehr auf: dein Krieg für Amerika's Freiheit, der deine Regierung verrherrlichen sollte, hat dein Blutgerüste vollendet. — Ich irre sehr, oder dies war eben der Gang der Sachen bis zum Verderben Frankreichs. Der amerikanische Krieg hat Frankreich ungeheure Summen gekostet: denn von jeher hat ein Krieg, wegen Verschwendung, Untreue und Unachtsamkeit, dieses Reich zweimal mehr gekostet, als er jedes andere Volk würde gekostet haben. — Schulden und Auflagen wurden daher vermehrt, und da allem Ansehen nach (denn man wußt' es nicht, oder wollte es nicht bekannt machen) schon vor dem Kriege die Ausgaben größer gewesen waren, als die Einnahme; so war nach dem Frieden die Erschöpfung und Verwirrung der Finanzen auf dem höchsten Grade. Alle Ersparnisse und Einschränkungen, die der gute Ludwig bei seinem Hofe einführte, waren bei weitem nicht hinreichend, dem Uebel abzuhelfen. Alle Sehnen waren gespannt und drohten zu zerreissen. Das Volk ward unwillig, und forderte Erleichterung. Es fehlte bei alle dem nicht an bösen Köpfen, die aus andern Be-

weggründen oder Abſichten Oel ins Feuer goſſen:
die Rebellion war auf dem Punkte auszubrechen,
und brach in einigen Provinzen wirklich aus.
Ludwig berief ſein Volk um ſich her, um ſich mit
ihm über die Mittel zu berathſchlagen, wodurch
dem Uebel könnte abgeholfen werden. Die Stell-
vertreter des Volks verwarfen den Gedanken,
Bankerot zu machen. Es waren alſo zwei Dinge
nöthig, die unvereinbar ſchienen: die Einnahme
zu vermehren und zugleich einige Auflagen abzu-
ſchaffen. Die Nationalverſammlung (ſo nannten
ſich die verſammelten Stände des Königreichs)
griff nach den geiſtlichen Gütern, erklärte ſie für
Staatsgüter, und beſchloß ihre Veräuſſerung.
Der Adel hatte bisher ungleich weniger bezahlt,
als der dritte Stand, und war im unrechtmäßigen Beſitze vieler Befreiungen: man griff alſo
auch dieſen an, belegte ſeine Güter, und ſchaffte
die Feudalrechte ab. Nun war alles geſchehen,
was die Finanzen forderten: allein die Uneinigkeiten, welche darüber entſtanden waren, hatten
die Gemüther über die Maßen gegen einander erbittert. Der dritte Stand, an der Zahl ohnehin
der ſtärkſte, und noch dazu durch einige Dema-
gogen vom Adel unterſtützt, wollte ſeinen Sieg
vollkommen machen, und beſchloß die gänzliche
Abſchaffung des Adels. Nun fiengen Verfolgun-

gen und Auswanderungen an: der größte Theil der Adelichen und Geistlichen trennte sich von der Versammlung: das ganze Reich war zerrüttet. Aus dieser Verwirrung entstand die neue Konstitution, welche die königliche Gewalt dermaßen einschränkte, daß es dem Könige unmöglich Ernst seyn konnte, sie anzunehmen und zu handhaben. Doch würde es dieser Prinz wohl nicht unternommen haben, sie mit Gewalt abzuändern: allein der Adel und die hohe Geistlichkeit waren beinahe ganz ausgewandert, und was von ihnen noch zurückgeblieben war, kabalirte auf den Umsturz der Konstitution durch innerliche Unruhen, während die Ausgewanderten Himmel und Hölle bewegten, um auswärtige Mächte zum Kriege gegen Frankreich zu verleiten. Es gelang ihnen, und zwar auf eine Art, die man gar nicht vermuthet hätte; indem der patriotische Minister Dümourier, wie er sich's selbst gerühmt hat, die Haupttriebfeder der Kriegserklärung gegen Oesterreich war.

Es ist vieles geschrieben und gestritten worden, um zu beweisen, daß der französische Adel wohl oder übel gethan habe, sein Vaterland zu verlassen und feindselig dagegen zu verfahren. Daß man ihm zu viel gethan habe — daß es selbst politisch gefehlt war, den Adel, in einem so großen Reiche, ganz zu zernichten — darüber ist ein großer Theil der Franzosen mit beinahe dem übrigen Europa einig: allein darüber läßt sich die erste Frage noch nicht beantworten. Ich habe einen Brief in die Hände bekommen, den ein Deutscher, noch vor dem Einfall der deutschen Armeen in Frankreich, an einen französischen Emigranten geschrieben hat. Dieser Aufsatz scheint mir mit vieler Gründlichkeit gemacht zu seyn, und da hier von Franzosen die Rede ist, so wird es vielleicht meinen Lesern nicht unangenehm seyn, daß ich das Vorzüglichste davon hier einschalte.

Sie fragen mich, sagt der Verfasser, um mein Urtheil über Ihre Angelegenheit: ich will es Ihnen sagen, und auch das zum voraus, daß es von dem Ihrigen ganz unterschieden ist. Ich table nicht geradezu alle Franzosen, die ausgewandert sind; persönliche Sicherheit und Liebe zur Ruhe konnte viele unter ihnen dazu veranlassen: aber was ich sehr mißbillige, ist, daß sie sich gegen ihr Vaterland bewaffnen und mit seinen Feinden gemeine Sache machen. Ich bin sehr geneigt, die Handlungen der Menschen von der guten Seite zu sehen, und auch diejenigen, welche ich tadeln muß, eher auf Rechnung verzeihlicher Schwachheiten als der Bosheit zu sezzen. Ich habe daher, so lang ich's konnte, geglaubt, daß Sie, meine Herren, auf ausführbare Mittel dächten, Ihren Vortheil mit der Wohlfahrt Ihres Vaterlandes zu vereinigen: allein seitdem es mit dem Kriege vollkommner Ernst geworden ist, seitdem Sie nicht nur die Hände dazu bieten, sondern sich alle erdenkliche Mühe gegeben haben, um ihn anzufachen, werden Sie mir's verzeihen, wenn ich an Ihnen nichts als Egoisten sehe, die blos zufälliger Vorzüge wegen die ganze Welt der Verwüstung Preis geben. Da ich Sie einmal aus diesem Gesichtspunkte betrachte, so sehe ich wohl ein, daß es eine ganz vergebliche Mühe wäre, mit Ihnen über das Glück Ihrer Nebenmenschen zu moralisiren: ich will also, da ich mir einmal vorgenommen habe, einen langen Brief an Sie zu schreiben, Sie von Ihrem eigenen Glücke unterhalten.

Sie wollen eine Verfassung umstoßen, die, wie Sie sagen, ohnehin nicht bestehen kann. Wenn das ist, so brauchen Sie Sich keine Mühe zu geben; sie fällt von selbsten zusammen. Warum wollen Sie einen Teich ausschöpfen, dessen durchlöcherter Damm ohnehin kein Wasser hält? Erlauben Sie mir zu glauben, daß nicht die Baufälligkeit, sondern die Dauerhaftigkeit dieser Verfassung Ihnen bange macht — daß Sie nicht aus Patriotismus, nicht aus Liebe für Ihren König, sondern aus Eigenliebe sich so weit gewagt haben, und — daß Sie diese Eigenliebe unendlich theuer werden bezahlen müssen. Ich setze den Fall, daß Sie mit den Waffen in der Hand bis ins Herz Ihres Vaterlandes eindringen, und daß Ihrer vereinigten Macht nichts widerstehen könne; so ist doch der Geist der Freiheit, der Unabhängigkeit und des Hasses gegen Sie schon so tief unter Ihren Landsleuten eingewurzelt, daß Sie Gefahr laufen, ermordet zu werden, sobald Sie die Waffen niederlegen und sich zerstreuen. Die Entfernung fremder Armeen, die Sie begleiten, wird die Losung zu neuem Aufstande seyn. Oder wollen Sie, daß Frankreich, so wie Polen, stets ein bewaffnetes Heer fremder Beschützer in seinem Schoose ernähre? Ich schätze Sie zu sehr, um nicht versichert zu seyn, daß Ihnen vor diesem Gedanken schaudert: er ist aber ohnehin nicht ausführbar. Führen Sie mir das Beispiel Hollands nicht an, welches der König von Preussen in einem einzigen Feldzuge zu Paaren getrieben hat. Ich behaupte erstlich, daß dieser Monarch das Feuer nicht gelöschet, sondern nur Asche darauf geworfen habe, und daß der Brand über kurz oder lang mit weit mehr Heftigkeit ausbrechen werde: eben das würde unfehlbar in Frankreich geschehen, wenn es auf einen Augenblick das Schicksal Hollands haben sollte. Zweitens wird Holland allezeit nothwendig eine Republik bleiben, so lang es nicht einer fremden Macht unterliegt: es war beim letzten Aufstand nur um etwas mehr oder weniger Einfluß zu thun, den der Statthalter in Regierungssachen haben sollte. Hingegen kömmt es mit Frankreich darauf an, daß es entweder bei seiner republikanischen Verfassung bleibe, oder unter die willkührliche Herrschaft der Könige und ihrer Minister zurückfalle. Denn die Prinzen und andere ausgewanderten Herren haben sich in ihren Manifesten nicht anders ausgedrückt, als daß sie verlangen, dem Könige seine Allgewalt wieder zu geben, damit er Gesetze mache, wie er's für gut findet. Einige unter Ihnen giengen so weit, daß sie mehr seyn wollten, als sie vor kurzem waren: sie machten Anspruch, in den Stand des polnischen und deutschen Adels gesetzt zu werden. Gestehen Sie mir ein, daß der Abstand von einer Demokratie zum willkührlichen Königsregiment, oder gar zur

polni

polnischen und deutschen Verfassung, zu groß ist, und daß zu viele Hindernisse dazwischen liegen, als daß man hoffen könnte, sie mit geringer Mühe zu übersteigen: gestehen Sie, daß es an den Wahnsinn grenzet, im Augenblicke, da man nichts ist, mehr seyn zu wollen, als man jemals war. *) Man hat noch Klugheit genug gehabt, dieses Projekt nicht öffentlich bekannt zu machen, weil man zeitlich einsah, daß es nicht nach dem Geschmacke der Monarchen seyn würde, deren Hülfe Ihnen dermalen unentbehrlich ist. Eben so mißfällig mußte es der großen Menge Edelleute seyn, die aus Mangel an Geburt oder Vermögen auf diese Größe keinen Anspruch machen konnten, und folglich aus dem Stande scheinbarer Gleichheit mit dem hohen Adel zur Eigenschaft einer untergeordneten Klasse herabge-

---

*) Dieses Jemals bezieht sich nur auf den Zeitraum zwischen Ludwig dem Eilften und Ludwig dem Sechzehenten. Zuvor hatte der französische hohe Adel, das Wahlrecht ausgenommen, allerdings etwas Aehnliches mit dem polnischen und deutschen Adel. Auch gieng der Verfasser der Denkschrift, welche unter den Emigranten herumlief, bis in die ältere Zeiten zurück, um seinen Ansprüchen Grund zu geben.

IItes Heft. M

sunken wären. Ihr größtes Unglück, meine Herren, waren Ihre eigenen Uneinigkeiten, theils unter Sich, theils mit der Geistlichkeit: während diese drei Kammern wollten, und noch darauf bestehen, wollen einige unter Ihnen nur zwo, andere gar keine; diese wollen theils eine Veränderung in der Grundverfassung, theils wollen sie alles in den alten Stand gesetzt wissen. Kurz, wenn man eine Nationalversammlung aus lauter Edelleuten und Geistlichen zusammensetzte, so würde allem Ansehen nach die Verwirrung noch größer werden, als sie schon ist. —

Nach der Hartnäckigkeit zu urtheilen, mit welcher jeder der drei Stände, und in jedem Stande jede Parthei auf ihren Grundsätzen beharret, läßt sich schließen, daß man Frankreich unendliches Unheil bereite: und da immer ein Theil dem andern die Schuld beimißt, so wird der wechselseitige Haß zuletzt unauslöschlich werden, und sich nicht anders als mit dem Untergange des einen oder des andern endigen. *) Nun wer ist der Stärkere? Wenn Sie alle im Lande geblieben, wenn Sie über gewisse Grund-

---

*) Daran dachte man damals nicht: wohl aber jetzo.

sätze einig gewesen wären, wenn Sie Sich mit
Mäßigung betragen hätten, bis der Sturm sich
gelegt hätte; so wären unfehlbar Sie es: nun
aber sind es Ihre Gegner. Man tritt wohl ein
paar Schritte zurück, um mit stärkerm Schwung
über den Graben zu hüpfen: wenn man sich
aber zu weit davon entfernt, so entkräftet man
sich, bis man an den Platz kömmt, wo man
springen soll. Sie sind zu weit gegangen, Sie
haben Sich erschöpft: es fehlt Ihnen an allem;
nur Ihren Muth haben Sie noch: aber er grenzet an Verzweiflung, und diese ist eine böse
Rathgeberinn.

Um was war es endlich zu thun, daß Sie
Sich alle dem unüberdenklichen Elende außsetzten,
welches Sie schon ausgestanden haben, und das
noch auf Sie wartet? — Man hat den Adel
gewisser einträglicher Rechte beraubt, in deren
Besitze er von undenklichen Zeiten her war —
man hat ihm seine Titel und persönlichen Vorzüge genommen — man hat ihn ganz und gar um
seine Existenz gebracht. — Sie wollen von den
Feudalrechten reden: so alt Ihr Besitz in diesen
Rechten immer seyn mag, so hat er doch einen
Anfang nehmen müssen, und dieser Anfang war
eine Usurpation gegen die Menschheit. Wie ge-

fällt es Ihnen, daß die Monarchen von Rußland immerhin ihre Günstlinge mit einigen tausend Bauern belohnen, die sie ihnen schenken? Könnten Sie diese unglücklichen Sklaven verdammen, wenn sie über kurz oder lang sich einfallen ließen, diese Schenkung zu annulliren? Glauben Sie mir, auch der Adel in Frankreich hat diese Feudalrechte ursprünglich auf eine ähnliche Art erhalten: öfters waren sie nur auf Zeit Lebens gegeben, und der Besitzer mußte dafür unentgeltlich Kriegsdienste leisten; zuletzt behielt man sie erblich, und ließ sich die Kriegsdienste noch überdies bezahlen. Ist es nun nicht großmüthig genug, wenn die Nation diesen Besitzern die Güter läßt, und blos die Feudalrechte einzieht? *) Die Nationalversammlung hat sehr gerecht die Gerechtsame des Adels, welche aus Verleihung von Grund und Boden entsprungen sind, von andern unterschieden, welche ein bloser Ausfluß des traurigen Feudalsystems waren. — Diese wichtige Frage ist nebst dem noch nicht ganz entschieden, und es ist wahrscheinlich, daß man

---

*) Viele Emigranten, mit denen ich hierüber gesprochen habe, erkannten die Gerechtigkeit dieser Verordnung.

darin nicht einmal so weit gegangen wäre, als
man bereits ist, wenn der Adel, anstatt davon
zu laufen und Volksaufwieglungen zu stiften,
Stand gehalten, und seine Sache in Ordnung
verfochten hätte: aber er schätzte seinen Feind zu
gering, um ihn dieser Ehre werth zu halten.

Ein Titel ohne Amt, ist ein Wort ohne
Sinn: ehemals wußte man, was ein Marquis,
ein Graf, ein Herzog war; heut zu Tage ist
ein Marquis ein Marquis, ein Graf ist ein
Graf, u. s. f. sonst versteht man weiter nichts
darunter. Persönliche Vorzüge bestehen entweder
blos in der Einbildung, wie zum Beispiel das
Recht, nach Hofe zu gehen, in einem Hofwagen
zu fahren, sich in seiner Dorfkirche das Weih-
wasser zutragen zu lassen, u. drgl., oder sie bestehen darin, daß man zu Ehrenämtern und zu
den einträglichsten Stellen ein ausschließendes
Recht habe, ungestraft die Gesetze übertreten
könne, u. s. w. Die Vorzüge der ersten Art
verdienen keine Erwähnung; die letztern sind ungerecht, und dienen nur dazu, daß die Erziehung
des jungen Adels vernachläßiget wird.

Aber den Adel ganz umzustürzen, und um
seine völlige Existenz zu bringen! — Ich frage

Sie, was Sie unter dem Worte, Adel, verstehen? Soll es eine Kaste von Menschen seyn, welche Titel ohne Bedeutung führen, mit lächerlichen, oder theils ungerechten, theils schädlichen Vorzügen prangen, und aus diesen Gründen sich zu gut dünken, um Bürger zu seyn, Bürger zu heißen, und bürgerliche Lasten zu tragen? — In diesem Falle werden Sie mir einräumen, daß seine Existenz in den Augen einer aufgeklärten Nation eben keine sehr heilige Sache seyn konnte. — Verstehen Sie hingegen unter diesem Worte eine Klasse von Bürgern, die sich durch Verdienste um das Vaterland oder um die ganze Menschheit unterscheiden, und bei ihren Mitbürgern in der Hochachtung stehen, welche die Belohnung solcher Verdienste ist: o! dann behaupte ich, daß der Adel nicht aufgehoben ist, und daß er's niemals seyn kann. —

Der Adel in Frankreich hatte sehr wichtige Vortheile über seine Mitbürger, (Erlauben Sie mir diesen Ausdruck) und es lag nur bei seinen Gliedern, sie in ihren Familien zu erhalten. Sie waren alle, oder fast alle in ansehnlichen Aemtern, und standen folglich in dem Kredit, den solche Aemter in der Meinung der Menschen verschaffen. Sie hatten Namen, deren tausende in der Geschichte und in den Gedichten der Nation rühmlich aufgezeichnet sind, und in der Meinung ihrer Mitbürger eine Bürgschaft für sie waren. Alle diejenigen, welche zur Zeit der Revolution am Ruder saßen, waren Adeliche und kannten diese Namen. Der größte Theil der Edelleute ist reich, oder doch in gemächlichen Glücksumständen, und konnte seinen Kindern eine gute Erziehung geben lassen: was hinderte den Adel, alle diese Vortheile bei seiner Nachkommenschaft zu verewigen? — wenn dieses geschah, so war der Adel gerettet; oder man muß behaupten, daß seine Existenz einzig und allein in einem nichtsbedeutenden Titel bestehe: in diesem Falle hat die Nationalversammlung ein Ding zernichtet, das ohnehin schon nichts war; sie hat Worte aus der Sprache verbannet, die keine Bedeutung mehr hatten. Quæstio: Utrum chimæra in vacuo bombinans possit comedere secundas intentiones?

Wenn wir also alles zusammen nehmen; so finden wir in den Dekreten gegen den Adel nichts, worüber er sich mit einigem Grunde beschweren könnte, als die Aufhebung der Feudalrechte. Allein so viel Böses man von Ihrer gesetzgebenden Gewalt auch sagen mag; so sieht doch Jebermann, daß sie auch weise und gerechte Verordnungen machet, und ich bin ganz der Meinung, daß, wenn der Adel ein bischen Geduld gehabt, und die Gründe, welche ihm diese Verordnungen an die Hand geben, hätte gelten machen, es ihm gelungen haben würde, eine Entschädigung für diesen Verlust, wenigstens in einzelnen Fällen zu erhalten, wo man beweisen konnte, daß der Besitzer oder seine Voreltern diese Rechte gekaufet hatten. Werden doch Handwerksleute, die ihr Hausrecht, Parlamentsräthe, die ihre Stellen gekaufet hatten, entschädiget: warum sollte es ein Käufer der Feudalrechte nicht werden, da diese Rechte wie jene Stellen zum Besten des Staates aufgehoben worden sind? Ich weiß den Unterschied wohl: aber Sie wissen auch, daß man in Frankreich nicht alles so genau nimmt. Diese Entschädigung hätte die Nation bei weitem nicht so viel gekostet, als sie anwenden mußte und noch anwenden muß, um die Kabalen der misvergnügten Adelichen und Priester zu zernichten, um das Volk zu gewinnen, um Krieg zu führen ꝛc. Nun möchte es wohl zu spät seyn: denn anstatt dem Volke Gesinnungen von Mäßigung und Gerechtigkeit einzuflößen, hat sich der Adel bei ihm zum Gegenstande eines unauslöschlichen Hasses gemacht. Ich bedaure alle diejenigen, welche durch falsche Vorspielungen betrogen, oder durch geflissentlich erregte Gefahren gezwungen, ihre Stelle oder ihren Herd verlassen haben, um den großen Herrn nachzulaufen, die ein wichtigeres Interesse bei der Sache hatten, und denen daran gelegen war, ihren Anhang recht zahlreich zu machen, um ihrer Sache das Ansehen der allgemeinen Sache zu geben. —

So weit der Brief. Sollte, was Gott verhüte, in irgend einem andern Reiche eine ähnliche Revolution sich erregen; so würde dieser Aufsatz keine unnütze Warnung für den Adel seyn. Schon sind die Provinzen Deutschlandes, welche an Frankreich grenzen, in demselben Falle. Vermög des im ersten Hefte angeführten Dekretes vom 15. December, welches mit Gewalt eingeführet wird, soll überall eine vollkommene Gleichheit hergestellet und jeder Unterschied der Stände aufgehoben werden. Die französischen Generäle vollziehen dieses Dekret mit Strenge und Pünktlichkeit, wie wir bisher aus Belgien, Lüttich und Aachen vernommen haben.

Da die Städte, welche zuerst den Franzosen in die Hände gefallen waren, sich so sehr vor dem Elbe weigerten, den man ihnen abfoderte; so wurde der Anfang auf dem platten Lande in denjenigen Orten gemacht, welche nur erst kürzlich den Freiheitsbaum erhalten hatten. Die Grafschaften Leiningen, Falkenstein, Grehweiler u. a. m. machten den Anfang, wiewohl hie und da mit einiger Widersetzlichkeit. In Mainz, Worms und Speyer schien es zu ernsthaften Auftritten kommen zu wollen: allein, war es Betäubung oder plötzliche Veränderung der Gedanken? als der Tag erschien, auf welchen diese Feierlichkeit verschoben worden, war in den letzten zwo Städten von keiner Weigerung mehr die Rede, besonders in Worms nicht. Es sollte eigentlich am 9. März geschehen, allein die Ankunft eines französischen Kommissär's (vom Nationalkonvent) beschleunigte die Sache um einige Tage. Die Ursache dieser Bereitwilligkeit ist wohl nirgend anders zu suchen; als in der Versicherung, welche die französischen Kommissäre seit dem fehlgeschlagenen ersten Wahltage ausgestellet hatten, Niemand zum Soldatendienste zwingen zu wollen. Die Besorgniß, Soldat werden zu müssen, war also die Quelle des bischen Patriotismus, wovon man die Larve sah. Die Mainzer machten mehr Schwierigkeit: in dieser volkreichen Stadt, welche vielleicht 5000 wahlfähige Männer zählet; erschienen ihrer etwa 300, deren Zahl sich jedoch nach und nach vermehrte. Auf solche Art wurden dann überall, auf dem Lande wie in den Städten, Municipalitäten und Deputirte zum Nationalkonvent gewählt. In Speyer warens lauter ehemalige Magistratspersonen, welches einen rühmlichen Beweis von der Einigkeit giebt, die in dieser Stadt unter Obrigkeit und Bürgern geherrschet haben muß. In Worms wurde der vom General Custine ernannte Märe von Winkelmann einstimmig wiederum gewählet (nur wenige Stimmen, und zwar die Stimmen seiner Freunde, die er selbst darum ersuchet hatte, um des Amtes los zu werden, fielen auf andere Personen) unter den Municipalen waren auch einige vom alten Magistrat. In Mainz, wo die Wahlversammlung anfänglich schier aus lauter Klubisten bestand, und wo die Bürgerschaft mit der Sache nichts zu thun haben wollte, fiel auch die Wahl darnach aus.

Aus dieser kurzen Geschichte des so berüchtigten Wahlgeschäftes, verbunden mit der Geschichte des Klubs, und mit den Bemerkungen über die Gesinnungen der Menschen in diesen Gegenden und über die Triebfedern ihrer Handlungen wird jeder sehr leicht abnehmen, daß Privatinteresse, Religion, Furcht vor Kriegsdiensten, Besorgniß vor der Rache des deutschen Reichs u. drgl. m. wo nicht alles, doch gewiß das meiste gewirket haben. Um einen deutschen Patrioten zu finden, würde Diogenes alles Oel in seiner Laterne umsonst verbrennen: denn derjenige irret unendlich, der sich überredet, daß Jemand aus reinen Beweggründen sich der Aktiv- oder Passivwahl entzogen habe. Mancher, selbst von privilegirter, besonders von Magistratspersonen, wäre ein eifriger Franzose geworden, wenn ihm Custine die Ehre erwiesen hätte, ihn provisorisch zu einem Amte zu ernennen, anstatt daß er jetzo ein eifriger Antifranzose ist, da ihn Unwillen über seine Zurücksetzung und vielleicht persönlicher Haß gegen diejenigen, die ernannt worden sind, Anlaß gegeben haben, ein deutscher Patriot zu werden, das ist, die Larve des Patriotismus vors Gesicht zu nehmen, und unter diesem Vorwande seinen Leidenschaften den Zügel schleßen zu lassen. Hätte wahrer Patriotismus, hätte Menschenliebe seine Schritte geleitet; so würde er auf seiner Stelle geblieben seyn und sich nicht entfernet haben: denn da er sich aus seiner Auswanderung ein Verdienst machet, wiewohl im Grunde keines daran ist; so ist er eben darum schon der Meinung, daß er dafür belohnet und seine Mitbürger ihres Dableibens halber werden gestrafet werden. Diese Strafe mußte nothwendig unterbleiben, wenn gar Niemand sich dem allgemeinen Nothgesetze entzogen hätte: denn so bald ein Fehler allgemein ist, ist er nimmer strafbar.

Die Geistlichen in den drei Städten Mainz, Speyer und Worms giengen größtentheils fort: die ausgewanderten Weltlichen von Worms, Speyer und dem Lande sind privilegirte, denen sich nur eine geringe Zahl anderer Bürger beigesellte, worunter selbst ehemalige Klubisten sind: aber in Mainz ist die Zahl der Nichtgeschwornen ungleich größer als jene der Geschwornen, indem nach und nach kaum siebenhundert den Eid geleistet haben; es giebt also auch der freiwillig Ausgewanderten, oder Fortgeführten eine sehr große Menge. Ihre Aufenthaltsorte sind Frankfurt, Mannheim und die umliegenden Orte, wo sie, wie ehemals die französischen Aristokraten ihre nicht ausgewanderten Mitbürger anfeinden, anstatt es ihnen Dank zu wissen, daß sie die Gefahr bestehen und durch ihre Gegenwart das Vaterland vor Raub und Plünderung schützen. Man hat keinen Geschwornen gehört, sich über die Ausgewanderten beschweren, man hat nicht gesehen, daß die zurückgelassenen Familien der letztern beleidiget, oder ihnen an ihrem Vermögen freventlich Nachtheil sei zugefüget worden: während sie auf ihrer Flucht nichts als Landesverweisung, Galgen und Rad gegen ihre Mitbürger predigen, denen sie die Erhaltung ihrer Habe und die Unverletztheit ihrer Familien bisher zu danken haben! — Welches sind die bessern Menschen? Denn wenn nicht überall sogleich nach dem Vermögen der Ausgewanderten gegriffen wird, nachdem man in ihren Häusern bereits die Siegel angeleget hat — wenn nicht ihre Weiber schon ins Spinnhaus nach Mainz weggeführet worden, wie es die Franzosen vorhaben; so geschieht es in Rücksicht auf die Vorstellungen der Magistrate und Bürger, die das Zutrauen der Franzosen gewonnen haben. Diese haben, wie ich schon gesagt habe, die Konfiskationen sehr gerne, und es fehlete ihnen nicht an Gelegenheit; indem nach der ergangenen Erklärung alle Ausgewanderten als Feinde angesehen und ihre Güter eingezogen werden sollen, wie es bereits in Mainz mit einigen geschehen ist.

Dieses Verfahren ist zwar überall ungerecht; aber doch an einem Orte mehr als am andern. Mainz hatte kapitulirt, als es an die Franzosen übergieng, und es ward den Einwohnern in der Kapitulation vorbehalten, daß auswandern dürfte, wer da wollte, ohne daß er an seinem Vermögen sollte gekränket werden. Die Mainzer wollten auch diesen Vertrag gelten machen, und der Kommissär des vollziehenden Rathes, Simon, war so geneigt, ihnen Gehör zu geben, daß er durch den in Abwesenheit Custine's kommandirenden General Wimpfen bekannt machen ließ, es würde ein Eilbothe nach Paris geschicket, und bis dieser zurückkäme, mit allem eingehalten werden. Allein eben als man diesen Aufschub verkündigte, kamen die Kommissäre des Nationalkonvents von ihrer Reise zurück und erklärten, sie wären mit Vollmachten versehen, die sie an keine Verträge bänden, und daß aller vorher geschehenen Versprechungen ungeachtet, das Dekret vom 15. December in allen Punkten vollzogen werden müßte. Dieses Vorgeben konnte unmöglich wahr seyn; denn der Nationalkonvent hatte die Kapitulation der Mainzer mit dem General Custine anerkannt: aber geh einer hin, und laß er sich die Vollmacht zeigen! Man war unter eine Bande Bösewichter gefallen, bei denen alles Gefühl von Gerechtigkeit und Ehre ersticket war. Die Stadt Worms, so wie die Geistlichkeit in Worms und Speyer, hatten bei Bezah-

lung ihrer Brandschatzungen die Versicherung er=
halten, daß sie während dem Krieg nicht mehr
sollten belästiget werden: allein man konnte nicht
einmal so lange Aufschub gewinnen, bis die
österliche Zeit vorbei wäre, in welcher die Geist=
lichen mehr als zur andern Zeit nöthig sind.
Nous suivons nos principes, wir bleiben bei
unsern Grundsätzen stehen, sagte der Kommissär
Hausmann, als ihn der Märe v. Winkelmann
darum bath. Ist es möglich, daß solche Leute
noch von Grundsätzen reden, nachdem sie alle
Grundsätze des Völkerrechtes, ohne welche die
Welt zur Mördergrube werden muß, mit Füßen
getreten haben? Gens gallica, gens perfida,
ist ein altes Sprüchwort; die Franzosen sind und
werden bleiben, was sie allezeit waren. Man
erinnere sich, daß, als das alte Rom sich um
ein Gewicht Gold von den Galliern loskaufte,
diese noch ihre Waffen in die eine Wagschaale
zum Gewichte legten. Sie halten nur Wort,
wenn sie Vortheil dabei finden: Ehre und Recht
haben dabei nichts zu thun. Ein so leichtsinni=
ges, kindisches Volk ist auch nicht fähig, solche
Gesinnungen tiefer als auf der Zunge zu haben:
dazu gehört ein gesetzter, männlicher Charakter,
den die Franzosen niemals, oder doch erst als=
dann bekommen, wann sie bald anfangen, vor
Alter

Alter wiederum kindisch zu werden. Bei alle dem ist Niemand eifersüchtiger auf Meinung von Treu und Glauben als ein Franzose, und Niemanden kann der Zweifel, den man darein setzet, mehr beleidigen — nach dem Sprüchworte: Nur die Wahrheit beleidiget. Da in meinen Augen jugendliches Wesen und Leichtsinn die Grundlage des Charakters der Franzosen sind; so kann ich ihre ungerechten Handlungen nicht weiter auf Rechnung der Bosheit setzen, als in sofern die Jugend boshaft ist, wenn man ihrem Eigensinne Schranken setzen und nicht alles zugeben oder thun will, was sie verlangt; oder weil sie nicht Ueberlegung genug hat, um das Unrecht das sie thut, zu Herzen zu fassen. Ich bitte meine Leser, denen die französische Nation weniger bekannt ist, das Gemälde, welches der Menschenkenner Horaz, von einem achtzehnjährigen Jünglinge macht, mit mir zu durchgehen.

Gaudet equis canibusque, et aprici gra-
    mine campi.

Pferde und Hunde sind so der Franzosen Lieblinge, wie unserer Jugend: die Hunde, die gewöhnlich weniger bewachet werden und leichter zu ernähren sind, suchen sie auf alle Art und Weise sich zu verschaffen. Man sieht bei ihrer

Armee, die nun mehr Freiheit als sonst hat, viele Soldaten, die Hunde mit sich führen, welche sie hie und da gestohlen haben, und die sogar die Jungen im Schnapsacke nachtragen. Diese Nation liebet, wie die Jugend, die freie Luft, und ist in beständiger Bewegung. Wo sie gehen und stehen, singen sie, und fangen gar oft über ihrem Singen auf offener Gasse zu tanzen an.

Cereus in vitium flecti.

Wer die Franzosen vor einigen Jahren gekannt hat, wo sie ihrer angenehmen Lebensart halber die Lieblinge aller Nationen, und besonders Paris der Sitz des Friedens und der Freude war, der wird in der Geschichte der letztern vier Jahre weder die Franzosen, noch Paris mehr kennen, sondern in einen andern Planeten und in ein anderes Frankreich versetzt worden zu seyn glauben. Diese schnelle Veränderung, die schon vor zehen Jahren durch Menschenkenner prophezeihet worden ist, und die damals kein Mensch glauben konnte, hat ihren Grund im jugendlichen Charakter der Nation, für welchen es keine Mittelstraße giebt. Bei einem so leichtsinnigen, lebhaften und mit jugendlichem Feuer zum Ueberflusse ausgerüsteten Volke, muß es viele Bösewichter geben. Ihre Geisteskräfte reifen sehr schnell, und noch ehe Erfahrung und point d'honneur ihren Leidenschaften den Zaum anlegen. Sie sind bei vielem Witz und gewöhnlich vernachläßigter Erziehung, bei einem leichtsinnigen Kopfe und lebhaften Temperament, frühzeitig zu allen Bubenstücken aufgeleget, und (quo semel est imbuta recens, servabit odorem testa diu) das lange dauernde Jugendfeuer läßt entweder gar keine, oder nur eine sehr späte Bekehrung zu. Wenn aber auch die Erziehung nicht vernachläßiget wird; so werden die Franzosen recht gute Menschen, bei denen die Güte der Natur mehr wirket, als strenge Gesetze und Zwang bei andern: nur muß man ihnen nicht viel feste Grundsätze zumuthen, die schlechterdings mit ihrem Charakter unvereinbar sind. Unterdessen schwöret Niemand öfter nach Grundsätzen zu handeln, als ein Franzose: eben das thun unsere Jünglinge.

Monitoribus asper.

Die dem Franzosen schier angebohrne Höflichkeit mildert seinen Eigensinn in sofern, daß man ihn nicht so sehr fühlet, wie bei einem jungen Engländer, bei dem er mit einem festen und frechen Sinne verbunden ist: aber zu leichtsinnig um sich über eine Sache in Untersuchung einzulaſſen, läßt er ſagen, was man will, und thut was ihm beliebt: stat pro ratione voluntas. Daß ſich die Franzoſen nicht gerne viel einreden laſſen, das werden unſere Landsleute am Rheinſtrome leider! nur zu ſehr gewahr. Meine Leſer haben bisher ſelbſt urtheilen können, wie ſehr allem ihren Thun und Laſſen ein kindiſches Weſen anhängt: aber wehe! dem, der es wagen wollte, ihnen ſelbſten die Augen darüber zu öffnen: jetzo ſind es böſe Jungens, welche Männer zu ſeyn glauben, weil ſie Macht und Verſtand genug haben, Böſes zu thun, wiewohl ſie ſich mehr dadurch ſchaden, als andern. Ein guter Jüngling läßt ſich's noch ſagen, daß er kindiſch iſt; aber kein junger Böſewicht, deren es wahrſcheinlich unter den Römern eine große Anzahl gab.

Utilem tardus proviſor, prodigus aeris.

Daß ein Franzoſe ſich mit der Zukunft wenig beſchäftiget, iſt eine Folge von der Grundlage ſeines Charakters: denn das thut der Jüngling nicht. Wer mir hier einwendet, in meiner Behauptung ſei petitio principii, den bitte ich, die Geſchichte Frankreichs und beſonders die Geſchichte der heutigen Verwirrung Frankreichs zu leſen: er wird finden, daß beinahe allezeit nur das gegenwärtige Interesse die Handlungen der Franzosen geleitet habe, oder vielmehr, daß ihre Handlungen fast immer Wirkungen augenblicklicher Triebe (des boutades) sind, und daß gewöhnlich die Vorbereitungen entweder mit der Handlung oder wohl gar erst alsdann geschehen, wann diese schon ziemlich weit voran ist. Hätten die Franzosen diesen Fehler nicht an sich, so müßten sie Herren von Europa seyn: aber nun hielt die Klugheit und Vorsicht anderer Nationen stets ihrem Witze und ihrer Uebermacht das Gleichgewicht. — Wenn dieses schon unter der königlichen unumschränkten Regierung geschah, so ist es kein Wunder, daß bei der jetzigen Verfassung die Beispiele noch häufiger sind. Die Kriegserklärung gegen das Haus Oesterreich ist eines der auffallendsten; indem die Nation zur selbigen Zeit weder Generäle noch Offiziere, noch Soldaten, noch Magazine, noch Waffen hatte, sondern alles im Laufe des Krieges erst anschaffen mußte. *) Eben so wenig Klugheit zeigte diese

---

*) Die Kriegserklärung und der schlechte Zustand, in welchem Frankreich sich befand, waren zwar ein Werk der Aristokraten, und in sofern kann man keinen Mangel an Klugheit daran finden: aber worüber man sich mit Recht wundert, ist,

Nation bei der Oeffnung der Schelde, die ihr die Feindschaft Hollands und Englands auf den Hals ziehen, und sie der so unentbehrlichen Zufuhr an Getreide berauben mußte. Doch würde es England wahrscheinlich bei der Drohung haben bewenden lassen, wenn nicht die Franzosen ihr Werk gekrönet, und die Kriegserklärung ihrer eigenen politischen Sünde nachgeschickt hätten. Wenn sie solche Maasregeln genommen haben, die in England und Holland eine innere Gährung hervorbringen, und diese beide Mächte unthätig machen können, dann nehme ich mein Wort zurück: aber seit dem Dekret vom 15. December zweifle ich, wenigstens was Holland betrifft, an der Möglichkeit. Dieses Dekret ist der stärkste Beweis von Unvorsichtigkeit, den die heutige französische Regierung geben konnte: denn dadurch haben sie alle ihre Freunde verloren, weil diese nicht ihre Unterthanen werden wollen. Diesen politischen Fehler vergrößern sie noch täglich durch den Mißbrauch, den sie in der Ausübung von diesem Dekrete machen; indem sie nicht

---

daß die ganze Nationalversammlung unter solchen Umständen einhellig für den Krieg stimmte. Sie war niemals über einen Gegenstand von Wichtigkeit so einig gewesen.

nachlassen, bis alles sich mit Frankreich vereinigt, und um diese Vereinigungen zuwege zu bringen, weder List noch Gewalt sparen. — Die emigrirten Franzosen verläugnen ihren Character eben so wenig, als die Demokraten. Die Prinzen und mit ihnen mehr als ein Tausend der wichtigsten Männer Frankreichs schafften sich in vollen Ernste ein paar Dutzend Kanonen und Rüstwägen an, machten alle Offiziere und ausgewanderte Edelleute zu Soldaten, exerzirten sie rechts und links, und wollten Frankreich erobern. Während diesen Zubereitungen wurde durch Staat, Mätressen und Spiel das Geld verschleudert, das man zu dieser Unternehmung nöthig hatte, und als es zur Sache kam, waren sie auf der Neige. In dem demokratischen Frankreich sind die Verschwendungen noch eben so groß, als sie es im monarchischen waren, und die Verwalter der öffentlichen Einkünfte, so wie diejenigen, durch deren Hände sie ausgegeben werden, haben, wo nicht weniger, doch gewiß nicht mehr Redlichkeit, als man zur Zeit der alten Regierung bei ihres Gleichen fand.

Sublimis, cupidusque et amata relinquere pernix.

Nichts ist stolzer und anmaßender, fier et présomptueux, als ein Franzose. Sein Stolz ist nicht der schwerfällige Hochmuth des Spaniers, nicht der Stolz des Engländers, sondern es ist jugendliche Eitelkeit. Er ist blos in seine Person verliebt; seine Gestalt, sein Körperbau, seine Frisur, sein Kleid, und wenn er von Adel ist, sein Name, sind ganz allein, was ihn stolz machet. Vollkommen versichert, daß es nicht mehr braucht, als ein Mann, wie er, zu seyn, um über alle Nationen der Welt hervorzuragen, sieht er sich als den Liebling der Natur an, der gemacht ist, um Herr der Welt zu seyn. Un homme, comme moi; ein Mann meiner Art, ist der Ausdruck, dessen sich kein Anderer so oft, und mit so vieler Selbstgenügsamkeit bedient, als der Franzose. Daher jener zuversichtliche Ton, mit welchem er überall auftritt — daher die Keckheit, mit welcher er auf alles Anspruch macht, was ihm gefällt, besonders auf das schöne Geschlecht, bei welchem Dreistigkeit, mit körperlicher Anmuth und zierlichem Wesen verbunden, eine so große Empfehlung sind — daher endlich das Vertrauen auf seine Kräfte, bei Einzelnen sowohl als bei der ganzen Nation, ein Vertrauen, welches so weit gehet, daß sie alle Regeln der Vorsichtigkeit hintansetzet. Eine solche Regel der Vorsichtigkeit war es bei gegenwärtigen Umständen, sich die benachbarten

Völker zu Freunden zu machen, und den Stolz, womit jedes derselben auf Selbstständigkeit Anspruch macht, nicht durch Aufzwingung ihrer Gesetze zu beleidigen. — Allein daraus hätte die Welt vermuthen können, die Franzosen hielten sich nicht für stark genug, um die ganze Welt zu bezwingen, und eine so demüthigende Meinung wollten sie nicht aufkommen lassen: sie wollten vielmehr alles ertrotzen und erzwingen, brachten es aber damit so weit, daß selbst diejenigen, welche ehemals Gebete anstellten, um sie herbeizuführen, nun Opfer verrichten, um ihrer los zu werden. Dieses werden die Franzosen zuletzt wohl einsehen, aber allem Ansehen nach zu spät: Werden sie darüber verzweifeln und sich selbst Vorwürfe machen? — Gewiß nicht! sie werden singen: On ne s'avise jamais de tout: denn nichts in der Welt kann sie tief rühren; es giebt für sie gar keine ernsthafte Sache; sie spielen mit allem, und machen Lieder über alles. Cupidus. Wie Jünglinge, sind die Franzosen beständig voll freudiger Hoffnung, und streben aus allen Kräften nach dem Genusse des Lebens: ils devorent la vie. Dieser Genuß besteht in unaufhörlichem Wechsel lebhafter Vergnügungen: Spaziergang, Komödie, Tanz, Spiel, Besuch beim Frauenzimmer, Genuß der Liebesfreuden, und dergleichen Beschäftigungen, sind die Fäden, woraus sie ihren Lebenslauf zusammenweben möchten: wenn sie nichts von alle dem thun, so singen sie. Die Langweile, diese Quelle von tausend guten und bösen Handlungen, ist dem Franzosen unerträglicher, als jedem andern Menschen in der Welt: er kann keinen Augenblick ohne Beschäftigung seyn, und, wie ein Kind, wenn er nichts machen kann, zerbricht er was. Eben diese Eigenschaft macht ihn auch unfähig, sich lange mit einer und derselben Sache zu beschäftigen, oder Vergnügen daran zu haben: amata relinquere pernix. Daher kömmt der Hang der französischen Frauenzimmer zur Galanterie; daher die Ausschweifung der Männer aus dem Ehebette, und die Unbeständigkeit in ihrer Liebe. Diese Ausschweifungen sind nicht die Wirkung des Temperaments — ich behaupte, daß jenes der Italiener und Spanier heftiger ist; sondern sie sind eine Wirkung des jugendlichen Charakters der Franzosen, der den Wechsel liebt. Dazu kömmt noch die ihnen eigene Ruhmredigkeit, welche zu sättigen sie beständig auf verliebte Abentheuer ausgehen, und dann, wie jener terenzianische Jüngling, Jemand aufsuchen, bei dem sie sich ihres Glückes oder ihrer Eroberung rüh-

men können. Da die Franzosen sich immer selbst
kopieren, und wo sie von Menschen reden, sich
zum Original nehmen; so hatte sicher Lafontäne
seine Landsleute vor sich, als er nach Erzählung
eines verliebten Auftritts sagte:

— — — L'on jura
De ne rien dire de cela
Mais le galant se seroit laissé pendre
Plutôt que de cacher un secret si plaisant,
Et pour le divulguer il ne voulut attendre
Que le tems qu'il falloit pour trouver seu-
lement
Quelqu'un qui le voulut entendre.

Man wird sagen, dieser Charakterzug gehöre den
Griechen, von denen Terenz und Lafontäne ihn
geborget haben: das ist wahr; aber ich finde
viel Aehnliches in dem Charakter der Griechen
und Franzosen. Ich appellire darum an das
schöne Geschlecht aller Nationen: überall klaget
es über die Indiskretion seiner Lieblinge, der
Franzosen.

— — — Discretion françoise
Est chose outre nature,

sagt ebenderselbe Dichter. — Aus der Quelle
jugendlicher Unbeständigkeit fließet auch die Treu-

losigkeit, die man der ganzen Nation zur Last legt: sie ist also bei ihnen nicht sowohl Bosheit als Leichtsinn. Eben daher sind die Franzosen nicht in dem Grade rachgierig, als gesetztere Völker, wiewohl sie überaus zum Zorn geneigt sind: sie sind mehr zu brausenden als zu lange anhaltenden Leidenschaften aufgelegt.

Gegen dieses Gemälde halte man die Schilderung, die unser Dichter vom Manne macht:

Quaerit opes et amicitias inservit honori:
Commisisse cavet, quod mox mutare laboret.

und man wird finden, daß es nicht auf die Franzosen passet. Sie haben zwar einen Hang zum Geiz, aber nicht zur Sparsamkeit: es ist mehr Habsucht, um Mittel zur Verschwendung zu haben. Der Hang zum Erwerben ist bei ihnen eine Folge des Bestrebens nach dem Genusse des Lebens. Deswegen werden sie im höhern Alter gewöhnlich geizig: denn die Habsucht dauert fort, und die Kräfte zum Genusse sind verschwunden. Enge Freundschaft ist die Sache der Franzosen nicht, aber wohl Bekanntschaften, welche ihnen Beschäftigung verschaffen. Will man unter dem Worte Amicitia, Bestrebung nach der Gunst der Großen verstehen, so gehöret es den Franzosen gar nicht zu: sie sind theils zu leichtsinnig, theils zu eitel dazu, und die Großen selbst sind zu sehr Franzosen, um es zu erwarten. Am allerwenigsten darf man jene Clientel verstehen, welche bei den Römern eingeführt war, und unter den Engländern noch heut zu Tage besteht: so etwas empört den Stolz der Franzosen zu sehr, als daß sie sich dazu verstehen sollten. Sie sind ehrgeizig (inservit honori) aber nicht sowohl aus Absicht, als aus der Bewegursache, die in ihrer Eitelkeit liegt. Der Franzose ist überzeugt, daß ein Mann wie Er, un homme, comme lui, auf allerlei Vorzüge ein ausgemachtes Recht habe. Er geht nach Hofe, weil er glaubt, ein Mann, wie Er, müsse nach Hofe gehen: und wenn man ihn mit Höflichkeit und Ehrenbezeugungen überhäuft, worauf er sehr eifersüchtig ist; so thut man weiter nichts, als seine Schuldigkeit, wofür es eines Dankens braucht. Daher wird öfters über die Undankbarkeit der Franzosen geklagt, die aber bei ihnen keine besondere geflissentliche Untugend, sondern nur eine Wirkung ihrer Eitelkeit und ihres Leichtsinnes ist. Wenn sie für erwiesene Dienste und Gefälligkeiten sich dankbar zeigen, so geschieht es nicht aus Ueberzeugung von ihrer Schuldigkeit, sondern abermals aus Eitelkeit oder Stolz; weil sie nach dem Ruhme der Höflichkeit jagen.

Commisisse cavet, quod mox mutare laboret.

Um keine Handlung zu begehen, die man könnte bereuen müssen, braucht es Ueberlegung, Gegeneinanderhaltung der Umstände, der Ursachen und wahrscheinlichen Folgen, des Vergangenen und Gegenwärtigen. Dieses ist, wie Horaz sagt, das Geschäfte ausgebildeter Männer: Jünglinge thun das Gegentheil, sie entschließen sich schnell; das ist der Heftigkeit ihres Jugendfeuers angemessen. Nun habe ich wohl nicht nöthig, erst zu beweisen, daß die Franzosen fast durchgehends nicht als Männer, sondern als Jünglinge handeln. Die drei Nationalversammlungen, die wir in vier Jahren nach einander erlebt haben, welche die Blume der französischen Klugheit seyn sollen, und sich mit dem prächtigen Titel, Gesetzgeber, brüsten, haben leider! so vielfältige als traurige Beweise davon an den Tag gelegt. Wie viele Dekrete sind eben so geschwind zurückgenommen als gemacht worden, und wie viele andere wünschten sie zurücknehmen zu können, wenn es noch Zeit wäre! Wenn dann Ueberei lung der Fehler ist, in welchen eine Versammlung von 1200 oder nunmehr achthalbhundert der auserlesensten Männer so oft verfällt; so glaube ich behaupten zu können, daß sie zum Nationalcharakter gehört: und da die Uebereilung Leichtsinn und Unüberlegtheit voraussetzt, welches Attribute der Jugend sind; so wird man mir einräumen, daß eine zu lange dauernde Jugend die Grundlage des Charakters der Franzosen ist. — Man muß aber freilich diejenige Klasse von Menschen nehmen, welche einen eigenen Charakter haben: Bei den Großen, die am Hofe oder sonst in großen Aemtern lange gestanden sind, ist zu viele Verstellung und Kunst im Aeusserlichen; bei der geringsten Volksklasse, die unter dem Drucke auszehrender Armuth seufzt, hat die Natur zu wenig Kräfte, um sich in ihrer wahren Gestalt zu zeigen; viele einzelne Personen zeichnen sich durch besondere Gaben aus, oder Erziehung und langer Aufenthalt unter Fremden in ihrer Jugend haben das Gepräge der Natur ausgelöscht. Diese Ausnahmen trifft man aller Orten, also auch in Frankreich an. Ich behaupte auch nicht, daß die Niederbritannier oder die Normänner den Franzosen in Provence und Languedoc — oder die Champagnier den Gasconern durchaus ähnlich sind: die Schilderung paſſet hauptſächlich auf das Innere von Frankreich, von dem entferntere Provinzen durch mehr oder weniger merkbare Schattirungen ſich unterſcheiden.

Die Beſchreibung, die uns Horaz von dem Greiſe giebt, paſſet nur in ſehr wenig Stücken auf den alten Franzoſen. Anſtatt difficilis, querulus zu ſeyn, iſt er munter und guter Laune: Weiber, Wein und Spiel verläßt er nicht bis an den Rand des Grabes. Er lobt daher nicht, wie die Greiſe anderer Völker; die Zeit ſeiner Jugend:

— — — Laudator temporis acti
Se puero.

denn er will gar nicht alt ſcheinen, ſondern ſchickt ſich in alle Zeiten. Aus dieſem Humor der alten Franzoſen läßt ſich der Schluß ziehen, daß ſie gebohren ſind, ein ſehr hohes Alter zu erreichen: ſchwerlich würde ſich eine Nation deſſen mehr rühmen können, wenn nicht die Wolluſt ſie zu frühzeitig entnervte, und die Seuche ein ſchleichendes Gift im Körper ließe, das ſie vor der Zeit ins Grab bringt.

Wenn man die Urſachen kennet, ſo erräth man die Wirkungen leicht, noch ehe ſie ſich
äuſſern:

äussern: um so leichter kann man jetzo, nachdem die Franzosen schon vier Jahre an dem Gebäude der Volksfreiheit gearbeitet, und so wenig Dauerhaftes zu Stande gebracht haben, mit Zuverläßigkeit prophezeihen, daß sie nichts Gescheides zur Welt bringen werden. Julius Cäsar und Tacitus haben zu ihrer Zeit behauptet, daß die Gallier nicht zur Freiheit gemacht seien, und der ehemalige Finanzminister Necker, in dem schon genannten Buche, scheint, wider seinen Willen, von den heutigen Franzosen dieselbe Meinung zu haben. Gens nimium ferox, quam quae libera esse possit, sagt einer von den ersten: Dieses Volk hat zu viel wildes Feuer, als daß es im Stande der Freiheit leben könnte. On dit, sagt der Letzte, que cette nation n'est ni digne de la liberté, ni propre à ce genre de bonheur. Dieser würde sich nicht so zweifelhaft ausgedrückt haben, wenn er sein Buch nach dem 10. August und dem 22. September 1792. geschrieben, wenn er die traurigste Folge dieser Mordscenen, das in jeder Rücksicht ungerechte und greuliche Todesurtheil Ludwigs XVI. erwartet hätte. Da drei so einsichtsvolle Männer, die ein Zeitraum von achtzehnhundert Jahren trennet, dasselbe Urtheil über diese berühmte Nation gefället haben; so scheint es wohl, daß sie sich selbst stets ähnlich geblieben ist: wenigstens giebt uns die Geschichte der mittlern Zeiten Beweise genug an Hand, daß sie immer war, was sie noch ist — nur mit dem Unterschiede, daß bei einer königlichen Regierung mehr Zusammenhängendes in ihrem Betragen und mehr System in ihrer Politik herrschte, während dermalen alles unter und über sich geht, weder in der Gesetzgebung, noch in der Politik, noch im Kriegführen, noch in Sitten und Religion ein Ganzes, sondern überall unzusammenhängendes Stückwerk ist, ähnlich jener Horazianischen Phantasie:

Humano capiti cervicem pictor equinam
Jungere si velit, et varias inducere plumas,
Undique collatis membris.

Die ganze französische Verfassung, wenn man sie so nennen darf, sieht einem Bataillon Sansculottes ähnlich, wovon einige Soldaten blaue Röcke, andere Kapotten von allen erdenklichen Farben, wiederum andere weder eines noch das andere haben, sondern in Kamisölchen oder in Bauernkitteln mitlaufen: der eine hat ein langes, der andere ein kurzes Gewehr; dieser hat Kamaschen, jener Strümpfe; ein dritter Pantallons ohne Strümpfe. Weder Offiziere noch Gemeine verstehen ihr Handwerk: die Letztern wissen nicht zu gehorchen, die Erstern nicht zu befehlen: keine Auswahl von Leuten, die beim Kriegsstande so nöthig ist; abgearbeitete, unter der Last der Mühseligkeit krumm gewordene Taglöhner neben Buben von 15 Jahren, die kaum das Gewehr schleppen können. Kurz, man sollte sagen, die Truppe habe sich ohne Zuthun eines Menschen, wie ein Schneeballen, der vom Dache herabrollt, selbst gebildet. Wie und wann dieses schöne Reich sich aus dieser großen Verwirrung erholen werde, kann, meines Erachtens, kein Mensch errathen. Die Wiedereinführung der königlichen Regierung wäre wohl unstreitig das beste Mittel dazu: allein es stehen dieser Unternehmung so große Hindernisse im Wege, daß sie wohl so bald nicht kann ausgeführt werden. Das größte Hinderniß ist, wie ich glaube, daß man sie mit Gewalt durchsetzen zu wollen scheint: wer sich überreden läßt, daß diese stürmische Nation sich auf die Kniee werfen, um Verzeihung bitten, und Gesetze annehmen werde, der kennet sie eben so wenig, als derjenige, der es ihm sagt, wenn er es im Ernste meint. Es ist zwar richtig, daß sie leicht in panisches Schrekken geräth, das ist eine Folge ihrer Unüberlegtheit und Lebhaftigkeit: allein sie fasset sich auch bald wieder, und der Gedanke, sich eine Schande zugezogen zu haben, macht sie nachher wüthender, als sie zuvor war. Es gehört mehr Klugheit dazu, unbesonnene, feurige, eigensinnige, kecke Jünglinge auf dem Wege der Vernunft zu leiten, als gestandene Männer: wenn es dem Leiter an Klugheit gebricht, so macht er Uebel ärger. Wer Jünglinge erzogen hat, wird wissen, daß man nur selten Gewalt brauchen dürfe, und daß selbst freundschaftliche Vorstellungen im Augenblicke der Leidenschaft mehr schaden als nützen. — Wenn es denn im Buche des Schicksals festgesetzt ist, daß dieses vor kurzem noch allgemein geliebte, nun allgemein verabscheute Volk, wie die unsterblichen Völker Rom's und Griechenlandes, den übrigen europäischen Nationen auf dem Wege der Vergänglichkeit vorangehen solle; so will ich ihm hier ein Denkmal stiften, das zwar von kurzer Dauer seyn, aber vielleicht Anlaß zu einem vollkommnern und dauerhaftern geben wird.

Die Franzosen sind ein überaus lebhaftes, munteres und geistreiches Volk, im Durchschnitte mehr klein als groß, von wohlgebildetem Körperbau, nervigt, gelenksam, und von der Natur mit jugendlichem Feuer bis ins hohe Alter ausgerüstet: daher sie der Wollust sehr ergeben sind, und in körperlichen Uebungen andere Nationen übertreffen. Eitel, ruhmredig und in sich selbst verliebt, glauben sie zu allem, was ihnen gefällt, ein angebohrnes Recht zu haben, und maßen sich's mit Keckheit an. Höflich und geschmeidig, wo sie gehorchen, stolz und gebietherisch, wo sie herrschen; aber allezeit von angenehmer Lebensart. Dem Spiel und allen sinnlichen Ergötzungen ergeben, sind sie nicht geizig, aber habsüchtig, um verschwenden zu können; filzig im Erwerben, großmüthig im Verthun. Leichtsinnig, unstandhaft, ungeduldig, stets nach Abwechslung und neuem Genusse des Lebens ringend, haben sie wenig Beharrlichkeit, und sind mehr zur Intrigue als zur wahren Klugheit aufgelegt; mehr zornig und grausam als rachsüchtig; keine Sklaven ihres Wortes, aber nicht aus Bosheit treulos. Tapfer aus Eitelkeit und persönlichem Ehrgeiz, stürzen sie sich mit Verachtung des Lebens in die Gefahren, und fechten mit Standhaftigkeit, wo sie sich schmeicheln können, bemerkt zu werden: sie schlagen sich daher einzeln oder in kleinen Haufen besser, als in großen Armeen, welche, weil jener Beweggrund nicht durch Mannszucht ersetzt wird, leicht in Unordnung und panisches Schrecken gerathen. Sie haben mehr Anlage zu Künsten und schönen Wissenschaften, als zum tiefsinnigen Studium der hohen Wissenschaften, die anhaltendes Nachdenken erfordern: daher erfinden sie auch wenig, bearbeiten aber die Erfindungen anderer Nationen sehr glücklich. Ihr Geschmack ist überhaupt mehr zum Hübschen und Niedlichen, als zum Großen und Schönen gestimmt, da jenes leichter gefühlt wird, und mehr ein Werk glücklicher Phantasie, als eines regelmäßigen Geistes ist: daher auch in allen ihren Geistesprodukten die Genauigkeit vermißt wird: sie modeln alles nach ihrem Geschmacke.

— — — Et quae
Desperant tractata nitescere posse, relinquunt.

Ob dieses Gemälde vortheilhaft sei, oder nicht, überlasse ich denen zu beurtheilen, welche von irgend einer andern Nation mit Grunde ein vortheilhafteres machen können: in dieser Welt ist alles relativ, nichts absolut gut oder schlecht. Ein Volk wegen seines allgemeinen angebohrnen Charakters tadeln und hofmeistern wollen, ist eine Thorheit, welche fast allen unsern neumodischen Reisebeschreibern eigen ist: man muß die

Leute nehmen, wie sie sind, und wem daran gelegen ist, mit ihnen Umgang und Geschäfte zu haben, der muß sich in sie zu schicken wissen. Nichts ist leichter, als sich an den Umgang mit Franzosen zu gewöhnen: Höflichkeit, Anstand, Munterkeit, Witz, Unverdrossenheit machen ihn überaus angenehm; nur muß man sich hüten, ihr point d'honneur zu berühren: an diesem Plätzchen sind sie sehr kitzlich. Diese Häcklichkeit ist weder eine Tugend, noch die Wirkung der Tugend; sie vertritt bloß ihre Stelle, indem die Degenspitze mehr als Untadelhaftigkeit sie gegen gegründete Vorwürfe schützen muß.

Integer vitae, scelerisque purus
Non eget Mauri jaculis.

Die Menschen überhaupt, und die Franzosen ein wenig mehr als andere, sind gegen den Tadel niemals empfindlicher, als wenn er gegründet ist. Ich bin versichert, daß sie dermalen in Deutschland gelinder gegen diejenigen verfahren würden, die sich weigern, ihren Willen zu thun, wenn sie nicht selbst von der Unrechtmäßigkeit ihrer Handlungen und Befehle überzeugt wären, und nicht in jedem Widerspruche den gegründetsten Tadel fänden. Ihre Sache ist augenscheinlich so unklug angeleget, daß sie sich selbst darüber ärgern, aber eben darum, weil sie so viel Widerspruch finden, weil sie Ihr Unrecht einsehen; weil sie die Gefahren und das Elend vor Augen haben, worein sie ihre Unbesonnenheit gestürzet hat, bleiben sie aus Aergerniß darauf beharren und wollen das Aeusserste wagen. Man findet selten einen Franzosen, einen republikanisch gesinnten, will ich sagen, der einen Augenblick kaltblütig bleiben kann, wenn man ihn von der Lage seines Vaterlandes unterhalten will: gleich gerathen sie in Hitze und brechen in Drohungen und Schimpfworte gegen die ganze Welt aus. Glück, und Zuversicht auf guten Erfolg machen großmüthig und sanft gegen die Widersacher; Unglück und Verzweiflung erzeugen Wildheit und Rache.

At non moriemur inulti!

Ist der Wahlspruch der Franzosen. Bei solcher Stimmung der Gemüther ist es kein Wunder, wenn dieses Volk seine Rache gegen diejenigen bis zur Grausamkeit treibet, welche seine Gesetze nicht annehmen wollen. Ich habe schon im ersten Hefte, das ich zu Ende des verflossenen Jahres schrieb, die Warnung gegeben: Weh! denen, die sich widersetzen: es giebt noch mehr als einen Jourdan coupetête. Ich wiederhole sie hier, wo ich meine Leser nimmer mit Prophezeihungen, sondern mit Thatsachen unterhalten kann. In Mainz wurden nicht nur privilegirte Personen, sondern auch gemeine Bürger, welche nicht schwören wollten, haufenweise zu Schanzarbeiten unter das Feuer der Kanonen auf Rheininseln hingeschleppet, wo sie ohne die augenscheinlichste Todesgefahr weder bleiben, noch sich retten konnten. Nachdem die Franzosen auf diese grausame Art ihre Rache eine Zeitlang ausgeübet hatten; wurden den Unglücklichen die Augen verbunden, und man trieb sie heerdenweise über die Rheinbrücke unter Schimpfen und Kolbenstößen, während man in der Stadt sich ihrer Habe bemeisterte, sie an die Meistbiethenden verkaufte, oder verschleuderte. In Worms haben zwar der Märe von Winkelmann, welcher das Zutrauen der Franzosen gewonnen hat, ohne die Liebe und Hochachtung seiner Mitbürger zu verlieren, und der untergeordnete Kommissär Betz Mittel gefunden, diese grellen Auftritte zu verhindern: doch wurden auch von da ein paar Bürger, die sich im Reden zu weit vergessen hatten, nach Mainz und zween lutherische Pfarrer, die es nicht besser gemacht hatten, übern Rhein geführet. Die Siegel wurden zwar hie und da angelegt, aber es kam nicht zur Versteigerung: ein anderer Beweis von dem, was ich gesagt habe, daß es ein Glück war, noch deutsche Obrigkeit zu haben.

In vitium ducit culpæ fuga, si caret arte.

Wem nichts an der Erhaltung unschuldiger Familien gelegen ist, der mag denken, wie er will.

Auch in den Rheinlanden sind endlich Kommissäre des vollziehenden Rathes, Simon und Gregoire, angekommen, mit dem Auftrage, dieses Dekret in Vollzug zu setzen. Der Anfang dazu wird mit den Urversammlungen gemacht: das heißt, mit den Versammlungen des männlichen Geschlechtes jeden Ortes, so weit es stimmfähig ist, nämlich von 21 Jahren an. Es wird dabei erfordert, daß man in dem Orte wohne, in der Absicht da zu bleiben, nicht blos zufälliger Weise. Das so versammelte Volk soll sich seine Obrigkeit wählen, nämlich einen Märe, einen Sachwalter der Gemeinde und einige Beisitzer, die man Municipalen nennet. Nebst diesem mußten auch solche Männer gewählet werden, welche zu dem nach Mainz ausgeschriebenen Nationalkonvent gehen sollten. Der Tag zu dieser Zeremonie wurde auf den 24. Februar festgesetzt:

Schon einige Tage vorher erschien ein Befehl des Generals Cüstine, vermöge dessen in allen Orten, wovon die Franzosen Besitz genommen hatten, die Wappen an den Kirchen, an den Schlössern und Häusern der Adelichen abgerissen und zernichtet werden mußten: alle in diesen Städten und Dörfern wohnende Adeliche, Geistliche, herrschaftliche Beamten und Magistratspersonen sollten noch vor Erscheinung des Wahltages schriftlich auf ihre Privilegien Verzicht thun: wer sich weigerte, sollte mit Anbruch des Tages seinen Wohnort verlassen, oder mit militärischer Gewalt fortgeführet werden. Man kann sich vorstellen, welchen Eindruck dieser Befehl gemacht hat. Die Geistlichen schützten Religion und geistliches Recht vor, und behaupteten, sich auf diese Verzicht nicht einlassen zu dürfen: die herrschaftlichen Beamten fürchteten, bei ihrer alten Herrschaft in Ungnade zu fallen, wenn diese wiederum zur Regierung käme: diese beiden Klassen sowohl als die Adelichen und Magistrate in den Reichsstädten beriefen sich auf den Abrufungsbefehl des Kaisers. Unterdessen hatte weder das Dekret noch Cüstine's Befehl mit der Religion etwas zu thun, und das geistliche Recht ist in Nothfällen nicht verbindlich. Wenn es bereits nimmer Mode ist, der Religion halber sein

Leben aufzuopfern; so ist es lächerlich wegen einer Dekretale zum Märtyrer zu werden.' Die herrschaftlichen Beamten waren ihrer Pflichten durch die That entlassen, sobald das Land, wo sie dienten, ohne ihre Schuld, und ohne daß sie es hindern konnten, in die Hände des Feindes gerathen und von diesem als eine Eroberung angesehen war: eben aus dieser Ursache fielen die Privilegien, die auf ihrem Stande hafteten, von selbsten weg. Ihr unnützer Pflichteifer mußte entweder ihrem ehemaligen Herrn zur Last fallen, oder sie selbst ins Verderben stürzen, wenn sie von Haus und Hof gejaget und ihres Vermögens beraubet würden. Der Adel und die Magistrate hatten noch weniger Ursache, bange zu seyn: denn das Edikt des Kaisers redet von denjenigen, welche in französische Dienste getreten waren, oder noch treten würden; dahingegen in dem Dekret und in der Proklamation von Annehmung einer französischen Bedienung nicht von weitem Meldung geschieht. Was die Schwierigkeit vermehrte, war, daß man die Verzicht mit dem Eide begleiten mußte, „dem Volke und den „Grundsätzen der Freiheit und Gleichheit treu zu „seyn." Meine Leser sind schon daran gewöhnt, die Franzosen widersinnig und ohne Grund handeln zu sehen; sie werden sich also über diese Zumuthung nicht mehr wundern. Daß ein Eroberer sich von dem überwundenen Volke huldigen läßt, ist eine alte Gewohnheit, die ihren Grund im Völkerrechte hat: daß man aber ein überwundenes Volk zwinge, sich selbst den Eid der Unabhängigkeit zu schwören, das ist etwas nagelneues. Wenn unterdessen die Franzosen befugt waren, sich von den Deutschen huldigen zu lassen und das Land als eine eroberte Provinz zu behandeln; so kann man ihnen auch das Recht nicht absprechen, dem Volke die Freiheit zu geben: aber wozu der Eid? So wenig Ursache man bei den Franzosen findet, ihn zu begehren: eben so wenig Ursache haben die Deutschen, sich davor zu weigern: er konnte diesen nicht mehr schaden, als jenen nützen. Den Herrschaften selbst mußte es sehr gleichgültig seyn, ob ihre Unterthanen den Huldigungseid oder den Eid der Freiheit ablegten: sie haben beim einen nicht mehr zu befahren als beim andern. Im Gegentheile, wenn man die Sache recht betrachtet, so kann man sich leicht überzeugen, daß den Franzosen weniger an der Bereitwilligkeit der Deutschen zum Schwur gelegen ist, als den deutschen Herrschaften selbst: jene haben Mittel genug sie zu zwingen, und wenn sie Niemanden Gewalt anthun, so bekommen sie durch die Auswande-

rungen Gelegenheit zu Konfiskationen, wovon
sie große Liebhaber sind; *) diese, die doch ge=
wiß den Gedanken, in ihr Land zurückzugehen,
noch nicht aufgegeben haben, laufen Gefahr,
ein verarmtes Land anzutreffen, wenn das Aus=
wandern weit um sich greift, und nicht bald
Rath geschaffet wird. Diese Gründe, die mir
wahr zu seyn scheinen, würden wohl den größten
Theil bewogen haben, sich in die Umstände zu
schicken: allein auf der andern Seite traten fühl=
barere Gründe zum Widerstande ein. Die kur=
mainzische Kanzlei hatte zu Regensspurg ein Pro=
memoria zur Diktatur gebracht, worinn darauf
angetragen wurde, den Reichsbann auf diejeni=
gen zu erstrecken, welche sich bei der von den
Franzosen auf deutschem Boden eingeführten
Neuerung auf was immer für eine Art brauchen
lassen würden: die kaiserlichen und preussischen
Gesandten stellten ein votum commune gleichen

---

*) Als man den französischen Kommissären vor=
stellte, sie würden durch dergleichen Zumuthun=
gen das Land entvölkern, da alles davon liefe;
antworteten sie, das wäre eben, was sie be=
absichteten, um durch Einziehung der Güter
der Emigranten sich für die Kriegskosten schad=
los zu halten.

Inhalts aus. Wenn es diesen Herrn Ernst war; so wünschte ich Ihnen, daß sie Bürger in einer der eroberten Städte wären, Weib und Kinder und kein ander Mittel hätten, sie zu ernähren, als ihr Gewerb, und kein ander Vermögen, als ein Haus und was zu ihrem Gewerbe gehöret: ich bin versichert, sie würden eine andere Sprache führen. Warum will man diesen Leuten, bei allem Elende, das sie schon ausgestanden haben, und vielleicht noch ausstehen müssen, den Trost versagen, den ihnen die Feinde noch lassen, wenigstens eine Obrigkeit in ihrer Mitte zu haben, die sie kennen, die ihr Vertrauen besitzet und zu der sie in ihrer Drangsal mit Zuversicht ihre Zuflucht nehmen können? — Warum will man diejenigen als Feinde des Vaterlandes behandeln, welche noch Muth genug haben, ein solches Amt anzunehmen und ihre Mitbürger nicht zu verlassen? — Warum will man vielmehr, daß dieses Volk ganz und gar unter die tirannische Willkühr französischer Kommissäre falle, von ihnen ausgesogen und zu Grunde gerichtet werde? O Franz und Friedrich Wilhelm! die Zierde und der Trost unseres Vaterlandes, seid gerecht und laßt ein Volk nicht strafen um fremder Sünden willen. Soll denn der Spruch des römischen Dichters gelten:

Quid quid peccarunt Reges, plectuntur
Achivi?

Wer ist Schuld daran, daß die Franzosen in Mainz sitzen? Die Klubisten, sagt man. Gewiß nicht! denn wäre die Stadt Mainz in besserm Vertheidigungsstande gewesen, hätte der Kurfürst durch seine trotzige Antwort-(die zwar eines Fürsten würdig, aber am unrechten Platze war) den General Cüstine nicht selbst zum Einfall ins Mainzische gereizt; so dürften ein paar Tollköpfe, die mit den Jakobinern in Korrespondenz waren, ihr Rorate Coeli desuper bis an den jüngsten Tag singen, es würde ihrentwegen keine Armee kommen. Wenn sie ihrentwegen nicht gekommen ist, so bleibt sie auch gewiß ihrentwegen nicht da: wenn sie daher über kurz oder lang das Land zu räumen gezwungen wird, oder es durch einen Friedensschluß wiederum abtritt; so haben die Fürsten durch Verscheuchung rechtschaffener Männer von Civildiensten weiter nichts gewonnen, als daß Justiz und Polizei einstweilen in schlechten Händen war. Nicht genug! ein solches Betragen hat noch eine weit gefährlichere Folge: man geräth dadurch auf die Vermuthung, daß es den Fürsten bange wird, und das Volk kann auf den Gedanken kommen, es liege bei ihm, wem es zugehören wolle. So

uns

unwidersprechlich mir alles dieses scheint, so ist
doch der Kurfürst von Mainz einer andern Meinung, indem er, wie man versichert, seine
Dienerschaft, Geistlichkeit und Unterthanen
durch die schärfsten Befehle abschrecken will, den
Willen der Franzosen zu thun. Ich glaube wohl,
daß dieser Fürst dabei zur Hauptabsicht habe, der
Ausbreitung der Jakobinersekte Hindernisse in den
Weg zu legen: diese Absicht ist an und für sich
sehr gut, aber das Mittel, dessen er sich bedie-
net, um sie zu erreichen, ist es nicht. Die
Furcht war von jeher das schlechteste Band der
menschlichen Gesellschaft; Unterthanen, die ihrem Regenten nur aus Furcht ergeben sind, sind
ihm eben darum nicht ergeben, sondern wünschen
Seiner los zu seyn; man fürchtet sich nicht
gerne. Der Kurfürst von Köln hat daher ein
ungleich besseres Mittel gewählt, um denselben
Zweck zu erreichen: Wenn die Franzosen zu Euch
kommen, sagte dieser weise Fürst, als er von
seinen Dienern Abschied nahm, so thut, was sie
haben wollen. Ich bedarf keines neuen Bewei-
ses, um von Eurer Treue und Ergebenheit versichert zu seyn. Komme ich wieder zu Euch; so
bin ich zum voraus überzeugt, Euch wieder so zu
finden, wie ich Euch verlasse: sollte es aber
das Schicksal anders fügen; so habe ich wenig-

stens den Trost, daß meinetwegen Niemand unglücklich geworden ist. — Hierüber ließe sich viel Schönes sagen: aber der Panegyrikus dieses Prinzen ist weit kräftiger in seinen eigenen Worten, als in allem, was man dazu setzen kann. Man bemerket nur, welcher Unterschied zwischen einem Manne, der zum Regieren gebohren und erzogen worden, und einem andern ist, der durch ein blindes Ungefähr zur Fürstenwürde gelanget — einem Prinzen und einem Reichsritter. Jener schätzet sich selbst zu hoch, als daß er sich zur niedrigen Eifersucht herablassen, und mißtrauisch bei jedem Schritt die Treue seiner Diener und Unterthanen in Verdacht ziehen sollte: er ist, wie Horaz sagt: undique tutus, glaubt, wie Alexander, an die Tugend, und würde, wie dieser Held des Alterthums, mit Gefahr seines Lebens daran glauben. Solche erhabene Gesinnungen sind sehr schwerlich einem Manne eigen, den jeder Blick erinnert, daß er, selbst nach dem Vorurtheile der Geburt, das ihm den Weg zum Fürstenthrone bahnte, nicht besser ist, als hundert andere, die ihn umgeben. Es ist daher sehr natürlich, daß er auf seine zufällige Hoheit eifersüchtiger ist, und keinen Augenblick aufhören will, sie zu fühlen, aus

Furcht, wie es scheint, sie möchte ihm entwischen.

> Qui timet his adversa, fere miratur eodem,
> Quo cupiens pacto, pavor est utrobique molestus;
> Improvisa simul species exterret utrumque.

Wer gewohnt ist, die Schriftsteller die Sprache der Leidenschaft reden zu hören, den bitte ich, es mir auf mein Wort zu glauben, daß ich hier eine blos allgemeine Wahrheit sagen wollte. Ich kenne den Kurfürsten von Mainz nicht einmal von Gesicht: er hat mir in meinem Leben weder Gutes noch Böses gethan, und zu beiden keine Gelegenheit gehabt. Ich bin überzeugt, daß die monarchische Regierungsform, wenn sie auf guten und festen Gesetzen ruhet, wenigstens für meine Landsleute die beste ist: aber ich bin auch eben so versichert, daß Wahlreiche, sie seien groß oder klein, nichts taugen, und daß ein gebohrner Prinz, wenn er eine gute, seiner Geburt angemessene Erziehung bekommen hat, jedem Andern bei weitem an der Regierung vorzuziehen ist. Selten hat ein gewählter Fürst die Popularität, die den Prinzen eigen ist; schwerlich hat das Volk für einen gewählten Fürsten die Ehrfurcht und Liebe, die es für einen Prinzen hat, den es als ein höheres Wesen anzusehen gewohnt ist. Wer daher zur Regierung gelangt, ohne daß ihn die Geburt dazu berufen hat, findet sich öfters in der Nothwendigkeit, den Gehorsam zu erzwingen, welches immer eine böse Sache ist. Die Franzosen, denen's der Satan in den Kopf gesetzt hat, hundertweise herrschen, und noch dazu ihre Herrschaft unter dem Namen der Freiheit über fremde Völker ausdehnen zu wollen, sind in demselben Falle; sie müssen alles erzwingen. Von ihren Gesetzen kann man beinahe, wie von jenen des Drako von Athen, sagen, daß sie mit Blut geschrieben werden: man hört von nichts als von Verbannungen und Todesstrafen. Wüßten sie das Geheimniß, sich und ihre Gesetze lieben zu machen; so wären sie in der That sehr gefährlich: aber nun man sie fürchtet, sind sie es minder; es weichet ihnen aus, wer nur kann. Als der Tag zur Urversammlung und Wahl erschienen war, herrschte überall eine düstere Stille, und die zu dieser Feierlichkeit bestimmten Kirchen blieben leer. Nur diese allein wurden geöffnet, alle übrigen blieben verschlossen, wiewohl es Sonntag war. In Worms, wo die Garnison sehr schwach ist, und das Volk entschlossen schien, veranlaßte dieser Umstand den Kommandanten, Kanonen aufführen und die Lunte anzünden zu lassen. Es lief zwar sehr ruhig ab; aber das Wahlgeschäfte unterblieb da, wie überall. Nun war Jedermann in banger Erwartung, was dieser Ungehorsam für Folgen haben würde: er hatte aber gegen alle Erwartung gar keine, indem die Sache verschoben wurde. Meine Leser haben hier wieder einen Beweis, daß es ein Glück für ihre Landsleute am Rheinstrome war, noch deutsche Obrigkeiten zu haben: hätten sich diese durch die Abmahnungen in Regensspurg bewegen lassen, ihre Stellen an französische Kommissäre abzutreten; so würde entweder das Wahlgeschäfte gleich das erstemal ohne Weigerung vor sich gegangen seyn, weil man sich mehr gefürchtet hätte, oder es wäre zu grausamen Executionsmitteln gekommen. Die Municipalitäten, die sich ihrer Mitbürger annahmen, erwirkten Gelindigkeit und Nachsicht.

Als einen Beweis, wie behutsam man mit den Franzosen umgehen müsse, will ich die Geschichte erzählen, welche sich bei Gelegenheit der Volkswahlen in Worms ereignet hat. Der reformirte Pfarrer, ein Mann, dem man es zur Last legt, daß er mit den Franzosen in zu engem

Verständnisse stehe, (ob dem wirklich so sei, kann ich nicht behaupten, wiewohl einige fliegende Blätter, die von ihm im Publiko erschienen sind, diese Sage zu unterstützen scheinen) dieser Mann, sage ich, behauptete laut, daß es den französischen Kommissären nicht zustehe, sich in die Wahlen zu mischen, und drückte sich dabei gegen den Kommissär Betz etwas stark aus. Er hatte unstreitig Recht, selbst nach französischen Grundsätzen; indem dergleichen Wahlen ganz frei, ohne fremden Einfluß, geschehen sollen. Betz, dem es darum zu thun gewesen war, zum Deputirten von Worms nach Mainz ernannt zu werden, ward dadurch sehr beleidigt: und da nun die Wahl auf ein Mitglied des alten Magistrats gefallen war, den man im Verdacht des sogenannten Aristokratismus hatte; so nahm er daher Gelegenheit, sich gegen das Betragen des Pfarrers bei den pariser Kommissären zu beschweren, und Genugthuung zu begehren. Diese Herren beschlossen auf den einseitigen Bericht, daß der Pfarrer alsogleich übern Rhein geführt, und den Oesterreichern überliefert werden sollte. Der Befehl kam um Mitternacht nach Worms, und sollte auf der Stelle vollzogen werden. Der Pfarrer, dem der Strang schon vor den Augen schwebte, der auf der andern Seite des Rheins für ihn bereitet zu seyn schien, konnte durch inständiges Bitten seiner Freunde mit harter Mühe eine Viertelstunde Aufschub erhalten, damit diese mit dem Kommandanten sowohl, als mit Betzen reden, und der Sache eine andere Wendung geben konnten, die sie dann auch durch andere Berichte, die man nach Mainz schickte, zu seinem Glücke bekam, und zwar dergestalt, daß der Pfarrer, anstatt gehangen zu werden, nun zum ersten subdelegirten Kommissär in Worms ernannt wurde. Wahrlich! die Herren pariser Kommissäre verleugnen ihren Ursprung, den Nationalkonvent, nicht, der sich, wie ich schon bemerkt habe, gar oft genöthiget sieht, seine übereillten Dekrete zurückzunehmen. Diese ganze Geschichte war unterdessen ein Spiel des Eigennutzes. Der Pfarrer wollte selbst Deputirter seyn, um sich desto näher an die Franzosen anzuschließen, da er in Deutschland nichts mehr zu erwarten hatte: Betz war in demselben Falle: die pariser Kommissäre nahmen ihren Befehl nicht aus Großmuth zurück, sondern um die Freunde der Freiheit nicht zu sehr zu erschrecken, wenn sie einen ihrer Apostel selbst zum Martyrium beförderten. So ein zweideutiges Ding ist es um die Handlungen der Menschen! Was aber am meisten auffällt, ist, daß es Leute geben konnte, die sich um eine solche Stelle bewarben, als die Stelle eines Deputirten zum deutschen National-konvent ist. Welche Absicht kann man haben? Sich auszuzeichnen? — Das ist erstlich ein sehr gefährliches Theater, das sich ohne Zauber-stab plötzlich in einen Kerker, oder, wo Gott vor sei! gar in etwas Aergeres verwandeln kann; zweitens sind da ganz sicher alle Talente ohne Nutzen: denn die Franzosen lassen keine andere Gescheutheit gelten, als die ihrige. Hier braucht es keine Rechtsgelehrten, sondern nur Schreiber, die den Willen der französischen Halbgötter zu Papier bringen: Puppen, die mit den Köpfen nickten, wären eben so gut. Die deutschen Ab-geordneten sind, wie Haller sagt:

> Die Ziffer unsers Staats, im Rath die
> Konsonanten.

Die Zusammensetzung dieses deutschen Areopagus ist ganz sonderlich: anstatt daß, wie es in Frankreich geschah, aus jedem Amte oder Ge-biete eine verhältnißmäßige Zahl der brauchbar-sten Männer gewählt worden wäre, sind so viele Deputirte, als es Städte und Dörfer giebt, die von den Franzosen besetzt worden sind: nur daß Mainz ihrer sieben, Worms und Speyer jedes zwei gesandt haben. Auf solche Art ist denn die Zahl der Bauern und sonstiger Landleute, die ganz und gar ohne Fähigkeit sind, bei weitem die größte. Schon hieraus kann man sehen, daß die guten Deutschen von den Franzosen zum Besten gehalten werden: denn wenn in einer solchen Versammlung eine Staatseinrichtung oder Gesetze sollten gemacht werden, so wäre sie das leibhafte Original von jenen Holzstichen, die man die umgekehrte Welt nennt, und wo der Gaul auf dem Manne sitzet. Ich kenne Leute, die auf Verstand Anspruch machen, (wer thut aber das nicht?) und dabei behaupten, man müsse keine Gelehrten zu Verfassern der Gesetze nehmen. Diese Herren fänden sich hier in ihrer Welt; ich zweifle aber sehr, ob sie sich nicht je eher je lieber in die alte zurückwünschten: denn Bauern sind es nicht, und ausser diesen wird schwerlich Jemand seine Rechnung bei einer Bauerngesetzgebung finden. Daß die Franzosen sich diesen Spaß machen, das begreife ich leicht; denn, wie gesagt, sie machen aus allem ein Spielwerk:

Sub nutrice puella velut si luderet infans.

Daß aber die ernsthaften Deutschen nur einen Augenblick aufhören können, über ihr Schicksal zu seufzen — das Schicksal, den Franzosen zum Zeitvertreib dienen zu müssen — das ist mir unbegreiflich. Die Landschaften, welche an der

Zusammensetzung des deutschen Konventes in Mainz Theil genommen haben, sind die Städte und Gebiete von Mainz, Speyer und Worms, so weit sie am linken Ufer des Rheins liegen, die Leiningischen Landschaften alle, die Grafschaften Falkenstein und Wartenberg, die Rheingräflichen Gebiete, die den Nassauischen und Salmischen Häusern gehörige Landschaften, die Baadenschen Ortschaften in der Grafschaft Sponheim, die ganze Ritterschaft, u. drgl. Die Franzosen hatten zwar auch das Herzogthum Zweibrücken besetzt, es ward aber dessen keine Meldung gemacht; denn es sollte ein besonderes Departement ausmachen.

Der 18. März war der Tag, an welchem dieser Konvent seine Sitzungen feierlich eröffnete, und es damit anfieng, daß er alle obgenannte Landschaften für einen unabhängigen, unzertrennlichen Staat, und das Volk für den einzigen rechtmäßigen Souverän desselben — alle Herrschaften ihrer Rechte verlustig, und sie sowohl als ihre Gehülfen und Anhänger, wenn sie ihre Rechte wiederum wollten gelten machen, der Todesstrafe schuldig erklärte! — Hat man wohl je, so lange die Welt steht, eine solche Posse erlebt? Wer wird hier nicht verlegen, ob er zuerst lachen, und alsdann sich ärgern, oder sich zuerst ärgern und alsdann lachen soll? Denn wirklich kommen beide Regungen auf einen Augenblick zusammen. Unterdessen werden, wie ich hoffe, meine Leser so viel versichert seyn, daß dieses famöse oder infame Dekret nicht das Werk ihrer guten Landsleute, der Rheinländer, sondern der Franzosen ist, zu deren Diktatorssprache jene mit den Köpfen nickten: wer anders glaubt, der kennet sie nicht. Es gehört viel dazu, gegen seinen Landesherrn, den man noch einige Wochen oder Tage zuvor aus schier angebohrnem Vorurtheile für ein Wesen höherer Art gehalten hat, die Todesstrafe zuerkennen, woferne man nicht zum Narren geworden ist. Er war vor ein paar Tagen mein Gesetzgeber; heute will ich der seinige seyn: vor ein paar Tage konnte er mich zum Tode verurtheilen lassen, wenn ich ein Gesetz übertrat, worauf die Todesstrafe verhängt war; heute will ich ihm das Leben absprechen, und zwar nach einem nagelneuen Gesetze, das ich selbst mache, wie mir's beliebt. O! um Vergebung, liebe Leser! eine solche Sprache zu führen, dazu gehören abgehärtete Bösewichter, und das sind die Rheinländer nicht. Zu kleinern Turen, die mehr Eulenspiegelstreiche als Verbrechen sind, dazu sind sie aufgelegt; aber nicht ein Brutus, ein Chärea Pätus, ein Ankerström zu werden. Große Tugenden und große Laster sind ihre Sache nicht. Beide fließen aus einer Quelle; man konnte also eben so wenig erwarten, daß sie sich einer so ruchlosen Zumuthung mit standhaftem Muthe widersetzen, und mit dem Dichter, wie ehedem der holländische van Witt, sagen würden:

<blockquote>
Justum et tenacem propositi virum
Non civium ardor, prava jubentium
Non vultus instantis tyranni
Mente quatit solida!
</blockquote>

Was in Mainz geschehen ist, und allenfalls noch geschehen wird, ist unfehlbar und wird immer ein Werk der Franzosen seyn. An der Vervielfältigung der Todesstrafen kann man's abnehmen: denn diese Nation scheint seit einiger Zeit kein anderes Mittel mehr zu kennen, sich gegen ihre Feinde zu sichern, als sie zu ermorden. Es giebt schwerlich eine Nation, die zum Morden mehr aufgelegt ist, als diese; schwerlich eine in der Welt, die das Blut ihrer eigenen Vertheidiger weniger schonet, als eben diese: lauter Folgen ihres leichtsinnigen, seit einigen Jahren ganz zum Verbrechen gestimmten Charakters.

Cereus in vitium flecti.

Man sieht und hört nichts anders mehr, als Unthaten, welche bald durch die demokratische, bald durch die andere Parthei angezettelt werden: der Himmel weiß, welche Parthei gerade an dieser oder jener Schuld ist: die Nachwelt wird Mühe haben, den Faden zu diesem Labyrinth von Intriguen und Lasterhaftigkeiten zu finden — alles zu glauben, was geschehen ist, und leider! aller Wahrscheinlichkeit nach, noch geschehen wird. Beide Partheien müssen fortfahren, wie sie angefangen haben: jene, weil sie schon zu weit gegangen ist; diese, weil der Weg zur Rückkehr durch das Verbannungsdekret abgegraben ist. Also Wuth und Verzweiflung auf beiden Seiten: jede Parthei will sich à la françoise dadurch erhalten, daß sie das Feld weit um sich mit Leichen besäet, um sich Raum zu machen. Die Demokraten haben der ganzen Aristokratie das Beil des Henkers zugeschworen; diese nimmt sich vor, jene lebendig schinden zu lassen, sobald sie in ihre Gewalt kommen. Das Vorhaben der Aristokraten ist eben so wenig ein Geheimniß, als die Verordnung der Demokraten: man kann sich also vorstellen, wie weit beide noch von der Aussöhnung entfernt sind, und wie sehr diesen daran gelegen seyn muß, jenen und ihren Unterstützern den Eingang in Frankreich zu versperren. — Die Schutzgöttinn unseres Welttheils, die Politik, scheint den Sitz ihres Reichs verlassen zu haben: wo sie ihn aufschlagen werde, kann man noch nicht mit Gewißheit bestimmen: In Frankreich gilt nichts mehr, als brausende Leidenschaften: das feurige Temperament der sich nun ganz überlassenen zügellosen Franzosen erlaubt ihnen nicht, Umwege zu nehmen, um etwas später, aber sicherer zu ihrem Zwecke zu gelangen: sie sehen nichts, als den Gegenstand ihres Willens, dem sie in vollem Galopp nachjagen, sollte auch alles, sollten sie selbst darüber zu Grunde gehen. — Alle Völkerschaften Deutschlands, denen die Franzosen die äusserlichen Zeichen ihrer sogenannten Freiheit aufgedrungen hatten, führten einhellig dieselbe Sprache: „Versichert uns, daß Ihr bei uns bleiben wer„det, und wir wollen uns alles gefallen lassen, „was Ihr von uns verlanget: aber gebt uns „auch eine andere Versicherung, als bloße „Worte — oder vielmehr laßt uns warten, bis „Ihr im Stande seid, uns eine andere zu ge„ben. Gewinnet Schlachten, jaget Eure Fein„de fern von unsern Grenzen, zwinget sie, „Euch als die Stärkern zu erkennen, und die„ses Land, wie Ihr's wünschet, nimmer zu „betreten. Bis dahin laßt uns, wie wir sind,

„ machet keine unnützen Neuerungen, die viel-
„ leicht nur eine kurze Zeit dauern können, und
„ dann nur unser Unglück vergrößern." — Umsonst! unter währendem Anrücken fürchterlicher
Armeen aus allen Theilen Deutschlandes — ich
darf schier sagen, von ganz Europa — mußten
Urversammlungen gehalten, der Freiheit ge-
schworen, Obrigkeiten gewählt, der Nationalkonvent in Mainz gebildet, und die schauderhaf-
testen Dekrete gemacht werden — gerade wie es
die Franzosen wünschten; daran durfte kein Buch-
stabe fehlen. Nachdem dieser unglückliche Nationalkonvent die Unabhängigkeit der von den Franzosen besetzten deutschen Reichslande beschlossen
hatte, ward zur Untersuchung der Frage geschrit-
ten: Ob diese Länder eine besondere Republik
ausmachen, oder sich mit Frankreich vereinigen,
und ein Departement werden sollten? — und es
ward nach einigen Berathschlagungen, welche
die Franzosen zu gestatten die Güte hatten, einmüthig beschlossen, daß sie zu Frankreich gehören, und ein Departement ausmachen sollen.
„ Nachdem, hieß es, der rheinischdeutsche Na-
„ tionalkonvent in Erwägung gezogen, daß die
„ unter dem 18ten dekretirte Unabhängigkeit des
„ neuen zwischen Landau und Bingen am Rhein
„ gelegenen deutschen Freistaats nur unter dem

„ Schutze der Frankenrepublik und mit Hülfe ih-
„ rer siegreichen Waffen errungen werden konnte,
„ und daß alle Bande der Freundschaft, der
„ Dankbarkeit und des wahren gegenseitigen Vor-
„ theils, beide Nationen zu einer brüderlichen
„ und unzertrennlichen Vereinigung auffordern;
„ so dekretirt derselbe einmüthig, daß das rhein-
„ sche deutsche Volk die Einverleibung in die
„ fränkische Republik wolle, bei derselben darum
„ anhalte, und zu dem Ende eine Deputation
„ aus der Mitte des rheinischdeutschen National-
„ konvents ernenne, um diesen Wunsch: dem
„ fränkischen Nationalkonvente vorzutragen." —
Gerade wie ich's vor drei Monaten vorhergesagt
habe. Die französische Nation gab auch ihrer
Großmuth Gehör, und gewährte den Wunsch
der Deutschen, welchen die Deputirten Forster,
Potocki und Luchs, *) ihr zu eröffnen, nach
Paris geschickt waren. Das Departement ist
also zur Welt gebracht; doch hat das Kind noch
keinen Namen: vermuthlich erwartet man noch
seinen Zwillingsbruder auf der linken Seite des
vogesischen Gebirges, und dann werden wohl
beide

---

*) Dieser hat seitdem die Ehre gehabt, guilloti-
niret zu werden.

beide die Namen des ersten und zweiten deutschen Departements erhalten, und die Stelle des ersten und zweiten Deutschlandes der Römer vertreten. Allein die Lage der Sachen hat sich nach diesem zweiten Dekrete dermaßen geändert, daß es das Ansehen hat, das zweite Kind werde in der Geburt ersticken, und das erste sterben, ehe man's zur Taufe bringt. Die gewöhnlich trockene Witterung, die den ganzen Monat März hindurch anhielt, hat die Eröffnung des Feldzuges um einige Wochen beschleunigt. Die Preussen hatten schon längst den Rhein zu Rheinfels passirt, und sich den französischen Vorposten am Hundsrücken genähert, wo auch einige unbedeutende Scharmützel vorgefallen waren. Die gute Witterung erlaubte ihnen nun, sich näher zusammen zu ziehen, und einen wichtigern Schlag zu thun. Cüstine bezog daher um den 20. März ein wohlverschanztes Lager zwischen Bingen und Kreuzenach, und rüstete sich zum Widerstande. Aber er hatte sich mehr vorgenommen, als er leisten konnte: denn als die Preussen und Hessen gegen ihn anrückten, verließ er sein Lager, ohne viel Widerstand zu thun, und zog zurück bis über Alzey, wo es am Ostersamstage noch zu einem Gefechte kam, das aber den Zug der Deutschen nicht aufhalten konnte. Cüstine, der seinen

Kräften nicht traute, hatte schon die Nacht zuvor Befehle gegeben, die Magazine zu Neuhausen, eine Viertelstunde von Worms, anzuzünden, und ließ in der darauf folgenden Osternacht auch jene zu Frankenthal und Speyer in Brand stecken. Sein Rückzug war eben so schnell, als es sein Einfall in dieses Land gewesen war: in Zeit von vier Tagen war von der Nahe bis Landau das ganze Land von Franzosen geräumt, und ausser rauchenden Brandstätten keine Spur mehr von ihnen zu sehen. Am 30. September waren sie von Landau ausgezogen, und am 31. März zogen sie wiederum da ein. Der Brand von Neuhausen, wodurch die Kirche, das Spital und einige Nebengebäude eingeäschert wurden, brachte die Stadt Worms in neues Schrecken, weil man mit Grund fürchten mußte, es würden auch die sehr beträchtlichen Stroh- und Fruchtmagazine, die darin waren, angezündet werden. Ich weiß auch, daß es das Vorhaben der französischen Generäle war: aber der wackere Märe Winkelmann wandte dieses Unglück, durch kniefälliges Bitten, von seinen Mitbürgern ab. Die Strohmagazine blieben unangetastet: die Frucht- und Mehlmagazine aber wurden theils ins Wasser geschüttet, theils den Einwohnern der Stadt Preis gegeben.

Was die Freunde der Franzosen gefürchtet, was ihre Feinde gehoffet hatten, und was die einzige Ursache ihrer Widersetzlichkeit gegen den Eid und andere Zumuthungen gewesen war, einer Widersetzlichkeit, der sie den schönen Namen Patriotismus gaben, das ist also wirklich erfolget — die Deutschen sind wiederum im Lande: doch ist Mainz nicht in ihrer Gewalt. Diese Stadt ist überaus gut befestiget, soll eine Besatzung von mehr als 20000 Mann haben und mit allen Bedürfnissen auf lange Zeit versehen seyn. Man hat mehr als eine Ursache zu glauben, daß die Franzosen noch nicht darauf Verzicht gethan haben, sondern daß sie vielmehr alle Kräfte aufbiethen werden, um sie zu entsetzen. Denn erstlich ist es eine bekannte Sache, daß die Eroberung der Länder zwischen dem Rhein und der Mosel ihnen von jeher am Herzen lag, und man sieht nur zu sehr, daß die jetzigen Franzosen eben so gerne Eroberungen machen, als ihre Väter. Flandern und Brabant sind zwar ungleich mehr werth: aber eben darum, und weil deren Erhaltung im

Stande, wo sie sind, die größten Mächte von Europa interessirt, während die Eroberung eines Stückes vom deutschen Reiche mit weit mehr Gleichgültigkeit angesehen wird — eben darum! sage ich, werden die Franzosen sich auf jener Seite nachgiebiger zeigen, und wenn sie auch große Armeen in den angrenzenden Provinzen halten, es mehr zu ihrer Vertheidigung thun und um die Feinde zu beschäftigen, als um eine zweite Eroberung zu unternehmen. Zweitens erleichtert ihnen die Herrschaft des Moselstromes künftige Unternehmungen gegen Belgien über die Maßen, wenn sie je eine entfernte Lust haben, diese schönen Länder mit ihrem Staate zu vereinigen. Drittens habe ich zwar die Handlungen des Nationalkonventes zu Mainz (man erlaube mir, das Ding immer so zu nennen, weil es keinen andern Namen hat) für eine bloße Posse angesehen, und sie sind es auch, wenn man ihren innern Werth betrachtet: allein eine ganz andere Frage ist, ob nicht die Franzosen sich einfallen lassen, daraus ernsthafte Folgen zu ziehen, die Staaten, welche dieser Konvent, nach ihrer Art zu denken, vorstellet, als eine wirklich schon gemachte rechtmäßige Eroberung anzusehen, und, was sie künftig in Rücksicht auf Mainz unternehmen werden, mit dem Namen der Selbsterhaltung und des Defensivkrieges zu belegen? — Freilich wird man darüber schreien; allein es ist noch nicht lange her, daß in Europa ein ähnliches Spiel gespielet wurde: was hatten Frankreich, Spanien und Holland für ein Recht, sich in die Händel der Engländer mit den Amerikanern zu mischen? — Diese hatten sich in einem Nationalkonvent (Kongreß hieß er, aber die Sache ist einerlei) für unabhängig erklärt! Will man darin einen Unterschied finden, daß Amerika nur eine Kolonie der Engländer war? — so werden die Franzosen antworten: Der Name ändert das Wesen des Dinges nicht. Sagt man, Amerika sei ein ganz unabhängiger Staat geworden, während ein Theil Deutschlandes zur französischen Provinz werden soll? — so erwiedern die Franzosen, daß sie auf die Vereinigung dieser Länder mit Frankreich, aber nicht auf ihre Freiheit Verzicht leisten wollen. Viertens erleichtert ihnen der Besitz von Mainz und seine sehr zahlreiche Garnison die Unternehmungen gar sehr: wenn die Deutschen Landau nicht bekommen; so braucht es nicht einmal eine entscheidende Schlacht, um sich ersterer Festung wieder zu nähern; denn sich auf eine solche Schlacht einzulassen, ist für die Deutschen sehr gefährlich zwischen zwo so gewaltigen Festungen, besonders so lange die Neutralität des Kurfürsten von der Pfalz dauert, der durch Bewilligung des Rückzuges über Mannheim mit in den Krieg verwickelt würde. Fünftens läßt man eine Armee von 20000 Mann mit ungeheuern Magazinen und Kriegsvorrath nicht so leicht im Stiche: sie aufzuopfern wäre eine Schande; sie vor der Zeit kapituliren zu lassen, wenn sie auch freien Abzug erhielte, wäre es gleichfalls. Sechstens haben die Franzosen ihre eigenen Kommissarien in der Stadt, um deren freien Abzug der Kommandant schon vergeblich angesucht hat. Sie sehen also ein, daß es den Deutschen darum zu thun ist, diese Vögel zu fangen: und da sie sich leicht vorstellen können, daß man nicht sehr sanft mit ihnen umgehen würde; so werden sie bedacht seyn, sie mit Gewalt in Freiheit zu setzen. Siebentens ist nicht zu leugnen, daß die Franzosen viele Freunde in den besetzten Ländern hatten: viele unter diesen hatten sie besonders lieb gewonnen und können nicht anders, als sich um ihr Schicksal interessiren, wofern nicht alles Gefühl von Ehre und Menschlichkeit in ihnen erstickt ist. Das ganze Land hatte sie sehr wohl empfangen, und sie waren mit den Einwohnern sehr zufrieden, wie dann auch diese, ausser den politischen Neuerungen und deren Folgen, keine Beschwerde gegen die Franzosen haben. Nun haben sie aber unfehlbar schon umständlich erfahren, wie ihre alte Freunde behandelt werden, und sie können sich leicht vorstellen, daß die bisherigen Begegnungen nur Vorspiele dessen sind, was noch geschehen werde. Kaum waren die deutschen Truppen in die von den Franzosen besetzt gewesenen Orte eingerückt; so nahmen die Exekutionen ihren Anfang, wozu, wie es schien, die preussischen Husaren Carte blanche hatten, denn es setzte entsetzliche Schläge mit der flachen Klinge ab. Ich sage: wie es schien, denn es ist auch möglich, daß diese Herrn in ihrem Amtseifer zu weit giengen, und die Grenzen ihrer Vollmacht überschritten: solche Erzessen geradezu auf Rechnung königlicher Befehle zu schreiben, wäre unsinnig. Im Gegentheile riethen die preussischen Offiziere kurz darnach dem wetterhahnischen Pöbel, und einigen Magistratspersonen, die ihres moralischen Charakters halber unter dieselbe Klasse gehören, sich mit Vergessenheit alles Vergangenen, wiederum zu vereinigen, und Feindschaft und Rache bei Seite zu setzen; indem es Sr. kaiserlichen Majestät, dem Reiche und einzelnen Reichsherrschaften zukäme, nach vorheriger Untersuchung auszusprechen, in wie fern ihre Angehörigen strafbar wären. Allein diese gemäßigten Gesinnungen einiger vernünftigen Offiziere vermochten nicht viel: die ehemaligen Klubisten wurden befehligt, den Freiheitsbaum umzuhauen, welches unter einem großen Zulauf von Gesindel vollzogen wurde. Diese Art von öffentlicher Strafe gab Gelegenheit, daß einige Klubisten auf offenen Gassen und in öffentlichen Gasthäusern nicht nur vom Pöbel, sondern auch von preussischen Offizieren selbst gemißhandelt wurden. *) In

---

*) Wenn dergleichen Erscheinungen beim deutschen Militär nicht selten sind; so konnten sie niemals von gefährlicheren Folgen seyn, als diesesmal. Ein angesehener Bürger, dem man ein Loch in den Kopf schlägt, blos weil man erfahren hat, daß er ein Klubiste gewesen war, wird wahrscheinlich erst alsdann, was er vielleicht nie gewesen war, ein Freund der Franzosen. Mit welchem Grunde konnte man solche Leute als vogelfrei ansehen und sie ohne Be-

Worms ist man meines Erachtens zu weit gegangen — nicht in der Strafe, denn von dieser kann vor Untersuchung der Sache keine Rede seyn, sondern in der Art der Rache, die der Magistrat, wo nicht beförderte, doch gewiß nicht zu hindern suchte. Ich sage: wofern er sie nicht befördert hat; denn darum ist er in der That verdächtig, indem er die preussischen Offiziere am Tage der Exekution auf dem Bürgerhofe mit Malaga traktirte. Die Sache war diese: die Franzosen hatten aus dem fürstlichen Schlosse daselbst eine Kaserne gemacht und es in den erbärmlichsten und eckelhaftesten Zustand gesetzt: nun fiel es einem ein, den Klubisten die Schande anzuthun, daß sie das Schloß säubern sollten. Der Gedanke kam zur Ausführung: also mußten preussische Unteroffiziere die Mägde der Klubisten mit Besen auf das Schloß convoiiren, wohin gleich darauf die Herrn selbst unter militärischer Bedeckung gebracht, und zum Kehren angestellt wurden. Keinem ward erlaubt,

---

denken beleidigen? Hätte man sie wenigstens vor der Wiederkunft der Franzosen schützen können!

sich nur verhältnißmäßig anzukleiden; also erschien der eine, wie er in seiner Werkstatt angetroffen wurde, der andere in feiertäglicher Kleidung. Hierunter waren Aerzte, Wundärzte, Geistliche — überhaupt die angesehensten Bürger von der Stadt, die da ohne ein ander Werkzeug, als einem Besen, den Monate lang zusammen gehäuften Unrath mit den Händen fassen und zu den Fenstern hinabwerfen mußten. Dabei wurde das preussische Exercitium mit dem Haselnußstabe nicht vergessen. War ein Klubiste von ungefähr abwesend, oder hatte sich geflüchtet; so mußte seine Frau anstatt seiner erscheinen, und dieses Loos traf ein paar hochschwangere Bürgersfrauen, wovon die eine vor Schrecken, oder Gestank und Ungemach, in Ohnmacht fiel, aber wieder zu sich gebracht, und zur Arbeit angestellt wurde. Nach verrichteter Arbeit wurde der ganze Trupp, der, wie man versichert, ziemlich zahlreich war, unter dem Gespötte der zuchtlosen Jugend an den Platz geführt, wo der Freiheitsbaum gestanden hatte. Hier mußten sie den zurückgelassenen Block ausgraben, ihn in Stücke zerhauen, jeder einen Splitter davon nehmen, und unterm Geleite der Gassenbuben an, weiß nicht, welchen Ort tragen. Dies ist die Geschichte, wie ich sie von mehr als einem glaubwürdigen Augenzeugen habe erzählen gehört: denn gesehen habe ich sie, Gott Lob! nicht. Uebrigens wurde alles, was mit den Franzosen einen engern Zusammenhang gehabt zu haben schien, und sich nicht mit der Flucht gerettet hatte, nach Königstein gebracht. Die merkwürdigste Person in dieser ganzen Franzosengeschichte ist, so viel ich über die mithandelnden Personen habe erfahren können, der gewesene Märe von Worms, über dessen Wandel fast nur eine Stimme ist: nämlich daß er der Rechtschaffenheit gemäß war. Daß dieser Mann als Priester gefehlt habe, ein weltlich Amt ohne Vorwissen seiner Vorgesetzten anzunehmen — daß er sich durch Annahme dieses Amtes den Verdacht zugezogen habe, mit den Franzosen zu genau bekannt gewesen zu seyn, das können selbst seine wärmsten Freunde nicht in Abrede stellen. Es folgt hieraus, daß er einer Untersuchung, und, wenn er letztern Verdacht von sich ablehnet, doch allezeit einer kanonischen Strafe unterworfen sei. Er war dem ersten Sturm ausgewichen und hatte sich entfernt: nach einigen Tagen kam er zurück, stellte sich vor Generälen und Prinzen, und selbst vor dem König von Preussen, wurde allenthalben mit Achtung empfangen und alles Schutzes versichert. Man will sogar behaupten, daß seine Fähigkeiten, der Ruf der Rechtschaffenheit, in dem er steht, und die Bekanntschaft, in welcher er mit den französischen Generälen gewesen war, ihn bereits zum Werkzeuge einer äusserst wichtigen Unterhandlung hätten ausersehen machen. Allein auf einmal kam ein durch den Kurfürsten von Mainz ausgewirkter Verhaftsbefehl, Winkelmann wurde wie ein Missethäter geschlossen, zu Fuße durch Frankfurt geführt, allda dem zügellosen Gesindel zum Spott und zur Beleidigung ausgesetzt und sofort nach Königstein begleitet. Es ist wahrscheinlich, daß einige Angehörige des Kurfürsten von Mainz an diesem Manne eine Rache ausüben wollten: denn er soll immer ein wenig zu freimüthig gewesen seyn, während er die Stelle eines geistlichen Rathes bekleidet hat. Diese haben vielleicht vorgesehen, daß Winkelmann, es sei durch erwiesene Untadelhaftigkeit, oder durch die Gunst der Großen ungestraft würde entlassen werden müssen: sie wollten ihn also auf eine Art strafen, deren Ungerechtigkeit nicht ganz auf sie, sondern zum Theil auf die preussischen Kondukteurs zurückfiele. *) Das ist eine Vermuthung: meine Leser mögen denken, was sie wollen: aber ich behaupte, daß es ein Uebermaas von Ungerechtigkeit ist, Jemanden auf solche Art ins Verhör zu führen. Ich setze nun den Fall, das General Chstine diese Geschichten erfahre — vielleicht mit Vergrößerungen, vielleicht mit wahren Umständen, die mir unbekannt sind, und daß man ihm Vorschläge zu wichtigen Unterhandlungen, zum Beispiel zur Uebergabe von Mainz mache. — Wenn er ein Mann ist, dem seine eigene Ehre, dem die Ehre seiner Nation am Herzen liegt, was kann er antworten? — Die unwürdige Behandlung, womit man den Freunden der Franzosen in den Ländern begegnet, die ich auf einige Zeit verlassen mußte — der Schimpf, der daraus auf die Republik der Franken zurück fällt, machen mir's zum Gesetze, jeden Vorschlag zur Unterhandlung

---

*) Die Geschichte der Verhaftnehmung dieses Mannes kömmt im dritten Hefte umständlich vor, und was ich hier blos vermuthet habe, wird da zur Gewißheit.

mit Abscheu von mir zu weisen, bis diese unglücklichen Opfer zu frühzeitiger Rache Genugthuung in vollem Maaße erhalten haben.

Iliacos muros intra peccatur et extra.

(Die Fortsetzung folgt.)